Martin Herrmann, Harald Lesch
Der Sprung über den Abgrund

Martin Herrmann, Harald Lesch

Der Sprung über den Abgrund

Warum die Klimakrise uns zum Handeln zwingt

Aus der Reihe »UNRUHE BEWAHREN«

Residenz Verlag

Unruhe bewahren – Frühlingsvorlesung & Herbstvorlesung
Eine Veranstaltung der Akademie Graz in Kooperation
mit dem Literaturhaus Graz und DIE PRESSE

Die Frühlingsvorlesung zum Thema »Der Sprung über den Abgrund.
Warum die Klimakrise uns zum Handeln zwingt« fand am 6. und 7. April 2022
im Literaturhaus Graz statt.

Die Autoren danken Petra Thorbrietz und Gudrun Mebs
für die redaktionelle Mitarbeit.

Bibliografische Information der Deutschen Nationalbibliothek.
Die Deutsche Nationalbibliothek verzeichnet diese Publikation
in der Deutschen Nationalbibliografie; detaillierte bibliografische Daten
sind im Internet über http://dnb.dnb.de abrufbar.

www.residenzverlag.at

Herausgegeben von Astrid Kury, Thomas Macho, Peter Strasser
Beratung: Harald Klauhs
Umschlaggestaltung: Kurt Dornig
Typografische Gestaltung, Satz: Ekke Wolf, typic.at
Lektorat: Jessica Beer
Gesamtherstellung: GGP Media GmbH, Pößneck
ISBN 978 3 7017 3553 2

Inhalt

*Wenn Menschen sich begegnen, dann passiert in der Regel etwas –
für den Bruchteil einer Sekunde scheint die Welt dann aus ihren
Fugen gerückt, oder vielleicht ist es auch umgekehrt: Sie findet wieder zurück in ihre richtige Umlaufbahn. Dieses Buch ist entstanden,
weil zwei Menschen einander begegnet sind, die um den Planeten
besorgt sind und die seither ihre Anstrengungen verdoppeln: der
Astrophysiker Harald Lesch und der Mediziner und Veränderungsberater Martin Herrmann. Die Gespräche, die sie miteinander geführt haben, sollen andere Menschen anregen, Dialoge dieser Art
mit jenen Menschen zu führen, die ihnen wichtig sind oder die sie
für wichtig halten, denn nur im Miteinander, davon sind die beiden
Autoren überzeugt, lässt sich die Welt zum Guten verändern.*

*Das ist deshalb notwendig, weil wir Menschen dabei sind, die plane-
taren Grenzen zu überschreiten. Das könnte nicht nur die Welt zerstören, wie wir sie bisher kannten. Es bedroht ganz konkret auch uns
selbst, unsere Gesundheit. Warum das so ist, das lesen Sie in den zu
den Gesprächen gestellten Infotexten, die zeigen, in welch brisanter
Situation wir uns bereits heute durch die Klimakrise befinden. Wenn
Sie sich aber weniger mit den wissenschaftlichen Hintergründen be-
fassen wollen, sondern stattdessen lieber gleich motiviert sind, aktiv
zu werden – dann sind Sie eingeladen, einfach nur den Gesprächen
zu folgen und sich davon hoffentlich anregen zu lassen!*

*In beiden Fällen geht es darum, Energien zu sammeln und mit an-
deren zu bündeln, um den Sprung über jenen Abgrund zu tun, der
sich, was das Überleben auf diesem Planeten angeht, längst vor uns
geöffnet hat. Mit einer großen Portion Mut und dem richtigen Anlauf
könnten wir es schaffen.*

Wie kommen Sie zu diesem Thema?

HARALD LESCH: Klimawandel und Gesundheit! Wie komme ich als Astrophysiker zu so einem Thema? Es war jedenfalls nicht geplant. Klimawandel ja, aber Gesundheitsthemen sind nicht so mein Ding. Am liebsten bin ich einfach gesund und muss mich nicht darum kümmern. Und dankenswerterweise war ich auch noch nie ernsthaft krank und habe außer regelmäßigen Kontrollbesuchen wenig mit Mediziner:innen zu tun. Obwohl einer meiner besten Freunde Nephrologe ist.

Aber an einem Sonntagnachmittag vor ein paar Jahren traf ich Martin Herrmann, präziser gesagt: Dr. med. Martin Herrmann. Die Umstände sind unwichtig, auf jeden Fall begannen wir und andere an einem Tisch über alles Mögliche zu diskutieren, bis Martin die Metapher vom Notfall ins Gespräch brachte. Müsste man nicht, so sein Argument, den Klimawandel und alle seine Auswirkungen als medizinischen Notfall bezeichnen? Und welche Folgen hätte eine konsequente Nutzung dieses Bildes und Begriffes für die Wahrnehmung des Klimawandels in der Öffentlichkeit?

Und dann legte Martin los. Was passiert bei einem Notfall? Werfen wir nicht sofort den Alltag über Bord? Terminkalender, Verabredungen, Verpflichtungen spielen keine Rolle mehr. Denn jetzt muss sofort etwas getan werden, es geht darum, Leben zu retten. Und wenn das gelungen ist, dann muss darüber gesprochen werden, wie es nun weitergehen soll. Das Leben nach einem Notfall, nach Infarkt, Schlaganfall oder Kollaps, kann nicht so weitergehen wie zuvor. *Business as usual* funktioniert nicht mehr. Oft ändert sich der Alltag nicht nur für die Betroffenen, sondern auch für deren Angehörige. Ein Notfall ändert alles. Und deshalb sei für ihn, so Martin, diese Metapher ganz wichtig bei der Darstellung der Risiken des Klimawandels. Denn die gesundheitlichen Konsequenzen der globalen Erwärmung für jeden Einzelnen sind enorm. Wir alle erleben gerade, so Martin, einen Klimanotfall.

Ich war wie vom Blitz getroffen. Genau! Der Mann hat recht. Notfall, das ist die Metapher, die unsere Lage, den Klimawandel, die Klimakrise, präzise trifft! Klimawandel und Gesundheit, diese beiden Themen sind eine Kombination mit Sprengkraft. Das müsste man mal im Vortrag ausprobieren, war meine erste Idee. Aber Martin ging da noch viel weiter. Als Vorsitzender von KLUG, der Deutschen Allianz Klimawandel und Gesundheit, hatte er schon viel tiefer darüber nachgedacht. Vor allem waren seine Ideen gespickt mit vielen eigenen Erfahrungen aus gelungenen Transformationen, die er als Coach und Berater begleitet hatte. Und dann kam noch so ein Hammer: der Gesundheitssektor als »Booster« für die Kommunikation des Themas Klimawandel. Martin erzählte vom Vertrauen in die »Weißkittel«, von den Milliarden Kontakten mit der Bevölkerung, aber auch vom viel zu hohen ökologischen Fußabdruck des Gesundheitssektors. Wenn also medizinisches Personal, egal, in welcher Funktion, wenn sich Kliniken, Arztpraxen, überhaupt alle medizinischen Einrichtungen zu Klimaneutralität bekennen und auch entsprechend informieren und agieren würden, dann würde das sicher einen deutlichen Eindruck auf die Patient:innen und damit auf die öffentliche Diskussion machen. Die sei nämlich immer noch von bleierner Schwere und Trägheit geprägt. Die Öffentlichkeit verhalte sich wie ein Patient, der glaube, mit ein paar Globuli lasse sich auch ein Tumor behandeln. Hauptsache, man müsse nichts an seinem Leben ändern!

Ich verstand sofort: Wenn unsere persönliche Gesundheit betroffen ist, dann sind es auch wir. Deshalb kommt den Menschen, die sich um uns kümmern, wenn wir krank sind, eine ganz besondere Bedeutung zu. Wir bringen ihnen und ihren Institutionen Vertrauen entgegen. Wenn sich also der Gesundheitssektor klar und verständlich beim Thema Klimawandel und Nachhaltigkeit positioniert, und zwar aus einer ethischen Haltung und aus Verantwortung für die Gesundheit derer, die sich an das medizinische Personal wenden, dann könnte das der entscheidende Impuls sein, um die Gesellschaft für die unbedingt notwendige große Transformation zu gewinnen. Als Metapher für die notwendige Veränderung einer industriellen in eine nachhaltig handelnde Gesellschaft kann uns das Bild von der planetaren Gesundheit enorm helfen.

MARTIN HERRMANN: Mich hat es schon früher erwischt, vor ein paar Jahren zu Weihnachten. Eine gute Freundin hatte mir ein Buch geschenkt: »This Changes Everything« von Naomi Klein. Auf Deutsch heißt es »Die Entscheidung: Kapitalismus vs. Klima«. Schon nach ein paar Seiten war mir klar, dass ich die Klimakrise bis dahin nicht verstanden hatte. Ich war zwar immer auch umweltbewegt gewesen und hatte mich bereits in den Neunzigern für die Einführung von Ökosteuern engagiert. Das Buch »Faktor 4. Doppelter

Wohlstand – halbierter Naturverbrauch« von Ernst Ulrich von Weizsäcker hatte ich viele Male gekauft und in meinem Netzwerk verschenkt. Und ich hatte eine kleine Firma in der Schweiz dabei unterstützt, erste ökologische Geldanlagen zu entwickeln und zu vertreiben.

Privat hatten wir zwar vieles umgestellt, aber im Grunde hatte ich mich in der grünen Rhetorik doch relativ sicher aufgehoben geglaubt. Wir kriegen das schon hin! Deutschland ist Vorreiter. Mit dem grünen Wachstum wird das schon. Vielleicht dauert es ein paar Jahre länger als geplant, aber das nimmt man in Kauf. Natürlich hatte jeder von uns ein Auto, und beruflich wie auch privat bin ich viel geflogen. Auch bei meinen Beratungskunden war ich nicht so wählerisch, neben den kleinen NGOs gehörten eben auch BMW und Airbus dazu und davor auch BP. Und jetzt las ich bei Naomi Klein: »Diese verschiedenen (Klima-)Projektionen sind so, als würden in Ihrem Haus sämtliche Alarmglocken gleichzeitig losgehen. Und dann in Ihrer Straße. Denn der Klimawandel ist zu einer existenziellen Krise für die Menschheit geworden.«

Schon diese Einleitung hat mich voll erwischt. Plötzlich wusste ich, dass ich das Ausmaß der Bedrohung unterschätzt hatte – und mehr noch: Ich war Teil der kollektiven Leugnung. Ich persönlich hatte es verbockt wie die meisten meiner Generation, obwohl ich Verantwortung trage gegenüber meinen Kindern, meinen Enkeln, den zukünftigen Generationen. Wir kannten das Buch »Die Grenzen des Wachstums«. Wir waren beteiligt an der Ökologisierung von Politik und Rhetorik in der Öffentlichkeit. Aber die Emissionswerte, die stiegen weiter ungebremst an. Wir verhandelten zwar, aber wir handelten nicht. Jetzt steht alles auf dem Spiel, und ich spürte, dass die Bewältigung der Krise die nächsten Jahrzehnte meines Lebens bestimmen würde.

Ich habe dann natürlich das ganze Buch gelesen, kann aber nicht mehr sagen, was da genau stand. Vielleicht war es auch gar nicht das Buch selbst, sondern der spezielle Moment in meinem Leben, in dem es mich erwischt hat. 2011 hatte ich entschieden, mich aus der Beratung großer Wirtschaftsunternehmen zurückzuziehen und stattdessen Wege zu finden, meine Erfahrungen aus der Begleitung von Veränderungsprozessen zurück in mein angestammtes Feld – die Medizin – zu bringen. Ein amerikanischer Kollege hatte mich eingeladen, mich bei einem Transformationsprojekt der globalen Impfallianz GAVI einzubringen. GAVI wuchs zu der Zeit sehr schnell, und der neue CEO musste die Allianz auf die enormen neuen Herausforderungen vorbereiten. Ich habe GAVI vier Jahre bei den sehr tiefgreifenden Veränderungen begleitet. Unter anderem entstanden dann eine Reihe von Workshops mit den verantwortlichen Impfmanagern der ostafrikanischen Union, aber auch mit jenen der WHO. Diese international ausgerichtete Arbeit veränderte meine Perspektive auf die weltweiten Verknüpfungen und Wirkzusammenhänge radikal.

2015 kam dann die Einladung der deutschen Entwicklungsbank KfW, ein Stipendienprogramm in Kenia für Sekundarschüler aus den ärmsten Bevölkerungsschichten zu begleiten. Da begriff ich, wie viele großartige Talente sich hier nicht entfalten können und wie sehr die dortigen Probleme mit unserer Lebens- und Wirtschaftsweise im globalen Norden verknüpft sind.

Es hatte mich also erwischt! Aber was tun? Mir war klar, dass ich Wege finden musste, meinen eigenen Erfahrungshintergrund einzubringen. Mir war auch klar, dass ich mich erst mal orientieren musste. Alle verfügbare Literatur sichten, mit Menschen in meinem Netzwerk sprechen, die in diese Richtung arbeiteten. Im eigenen Verhalten vieles umstellen. Ich wurde zum Klimavegetarier, deinvestierte konsequent, fuhr wann immer möglich Fahrrad, blieb auf der Autobahn unter 120 Stundenkilometern und flog seit 2017 gar nicht mehr. Ich sprach mit allen in meinem Umfeld, die nicht vor dem unangenehmen Thema flüchteten, besuchte Transformationskonferenzen, wurde Aktivmitglied beim Forum Ökologisch-Soziale Marktwirtschaft. Dann ergab sich die Möglichkeit, in Kenia einige Aktivisten zu unterstützen, das schon genehmigte erste Kohlekraftwerk auf der Insel Lamu – einem der wunderbarsten Plätze an der Küste und UNESCO-Weltkulturerbe – zu verhindern. Mit chinesischen Investoren und der kenianischen Regierung als Gegenspieler schien das ein unmögliches Unterfangen, noch dazu war es gefährlich. Doch von den Aktivisten habe ich das gelernt, was heute ein Mantra unserer Arbeit ist: sich intelligent, umsichtig und wach in die schwierigsten Felder hineinzustellen und für das Notwendige – eine Not-Wende – einzustehen. Das Kraftwerk in Lamu wird wohl nicht gebaut werden, das Netzwerk von Aktivisten wurde immer größer. In dieser Zeit war ich auch bei den Klima-Demonstrationen dabei: in München vor der geplanten Klimakonferenz und 2015 in Paris bei der Konferenz selber – eine Demonstration, die wegen der vorangegangenen Terroranschläge nur geduldet, aber nicht wirklich genehmigt wurden.

In den kommenden Jahren habe ich viel versucht, aber es genügte noch nicht. Und mir wurde immer klarer: Umstellungen im eigenen Leben sind wichtig, aber das reicht bei Weitem nicht aus.

Im September 2017 ergaben sich dann erste Kontakte zu einem kleinen Netzwerk von Menschen im Gesundheitssektor, die dort etwas starten wollten. Erste Mails, ein erstes Telefonat, die Frage, ob ich ein Strategietreffen moderieren könnte, ich hätte da ja wohl Erfahrung. Dann, am 13. Oktober 2017, das Treffen. Am Abend vorher eine Vorbesprechung mit den Schlüsselleuten. Sie erzählten von den bisherigen Aktivitäten. Davon, wie tief der Gesundheitssektor schlafe, und von ihren Zielen. Ich fragte: »Habt ihr euch schon überlegt, ob es nicht Zeit ist, jetzt etwas zu gründen?« Ja, aber wie? Und was? »Na ja – wenn der Gesundheitssektor schläft, könnten wir doch morgen einen Verein oder was auch immer gründen, der ihn wachküsst und zum Schlüsselspieler macht.«

Am nächsten Tag schon trafen sich 15 Personen: fünf Studierende, fünf Personen im Rentenalter, fünf, die mitten im Leben standen. Darunter auch Sabine Gabrysch, heute Professorin für Klimawandel und Gesundheit, und Christian Witt, Seniorprofessor für Pneumologie, beide an der Berliner Charité. Witt war 2006 einer der Ersten, die konsequent zu gesundheitlichen Klimafolgen forschten. Ich selbst erinnerte mich plötzlich wieder an das Gefühl, warum ich vor Jahrzehnten Medizin studiert hatte und Arzt geworden war. Wir wollten etwas verändern, besser machen. Plötzlich hatte ich das Gefühl, endlich meinen Platz gefunden zu haben: Wir wollten den Gesundheitssektor zum Gamechanger machen. Daraus ist dann KLUG geworden.

Erstes Gespräch:
Die Ernsthaftigkeit des Mahnens

LESCH: Jetzt haben wir beide von unseren Erweckungserlebnissen erzählt, wobei deines ja viel früher war als meines, das ja auch noch mit deinem zusammenhängt. Ich bin ja praktisch als dein Fan mit eingetaucht in das Thema Klimawandel und Gesundheit. Ich bin richtig animiert worden, habe Feuer gefangen. Aber erzähl mal... Nachdem du festgestellt hast: »Ich muss da was machen.« Wie war das? Wie kommt man vom Erkennen eines Problems dahin, auch tatsächlich etwas zu tun?

HERRMANN: Als wir KLUG gegründet haben, haben wir natürlich überlegt: Wo fangen wir an? Die Diskussionen gingen wild hin und her. Manche meinten, wir sollten alle Fachgesellschaften, Ärztekammern und Verbände anschreiben. Christian Witt, der ja auch beim Gründungstreffen dabei war, hat dann gesagt: »Oh, diese Fachgesellschaften... und diese Kammern, die sind sehr langsam...« Also haben wir entschieden: »Damit fangen wir lieber nicht an.« Wir haben uns dann zuerst mit der Klimabewegung vernetzt und sind der Klima-Allianz Deutschland beigetreten. Aber wir haben rasch festgestellt, dass die Klimabewegung sehr viele verschiedene Arbeitsgruppen und Settings hat, die teilweise schon seit Jahrzehnten tätig sind. Das Gesundheitsthema spielte dort keine große Rolle und die Beteiligung an den vielen Arbeitsgruppen hielt uns eher davon ab, unsere eigentliche Arbeit im Gesundheitssektor zu machen.

Also haben wir Vernetzungstreffen mit Menschen aus dem Gesundheitsbereich organisiert, dort Vorträge gehalten und in unserem Umfeld mit Menschen gesprochen. Daraus haben sich erste Verbindungen ergeben, an der Universität München zum Beispiel mit dem Chef des Center for International Health, Günter Froeschl, oder auch mit Annegret Dickhoff, der Leiterin des Projekts KLIK Green – Klimamanager für Krankenhäuser. Dann wurden wir zu einem Beteiligungstreffen der deutschen Bundesregierung eingeladen, die eine neue Strategie für globale Gesundheit entwickeln wollte. Da waren ungefähr 90 Leute. Und wir waren nicht still: Wir haben immer dringlich gesagt: »Und was ist mit der Klimabedrohung? Bedenkt ihr das?« Das wurde nämlich immer erst ganz unten auf der Liste behandelt.

LESCH: Auch bei globaler Gesundheit?

HERRMANN: Auch bei globaler Gesundheit! Es hieß: »Ja, da ist das wichtig, aber nur als einer von vielen Punkten. Wir haben schon so viel auf der Agenda, das muss ja erst mal abgehandelt werden.« Das ist ja eine der typischen Reaktionen, die am Ende zur großen Lähmung beitragen. Als Thema erkannt – kommt auf die Liste. Das funktioniert aber so nicht. Die Bewohnbarkeit unseres Planeten ist nicht nur ein Thema auf der Liste, sondern die Basis für alles andere! Nach ein paar Monaten haben wir gemerkt: »Das hier ist uns zu wenig. Wir kommen nicht wirklich vorwärts.« Wir wurden zwar aktiv, hatten einige Aktionen gestartet, wir wurden auch immer mehr, aber das hatte alles noch nicht so richtig Zug. Und dann haben wir im August 2018 überlegt: Was könnten wir noch machen? Ein paar von den Gründern waren ja schon aktiv bei den »Internationalen Ärzten zur Verhütung des Atomkrieges« (IPPNW), das waren erfahrene Aktivisten, die seit 30, 40 Jahren dabei waren und dafür sogar den Friedensnobelpreis bekommen haben. Die haben dann in ihrem Umfeld mal sondiert. Angelika Claußen aus dem IPPNW-Vorstand hat vorgeschlagen: »Macht doch Mahnwachen! Das haben wir damals in den 80ern und 90ern gemacht und das hat sehr viel gebracht. Interessanterweise war das genau in der Woche, als ich das erste Bild von Greta Thunberg im *Guardian* gesehen habe, wo sie vor dem Parlament in Stockholm stand. Ein Mädchen und ihr Schild: Schulstreik fürs Klima. Ich dachte: Das ist ja cool. So was müssen wir auch machen! Und dann haben wir eine Mahnwache geplant, vor der Charité in Berlin, fünf Tage, 24 Stunden lang, direkt an der Invalidenstraße. Da stand nun ein Sanitätszelt mit einer Bahre, darauf lag die kranke Erde – unsere Erde auf der Intensivstation. Mit Rund-um-die-Uhr-Wache.

LESCH: Tatsächlich rund um die Uhr, auch nachts?

HERRMANN: Ja, auch nachts. Notdienst eben, wie im Krankenhaus, da ist ja auch immer jemand da. Das Interessante war, dass wir gute Reaktionen bekommen haben und sich interessante Gespräche mit Passant:innen ergaben. Wir haben auch gemerkt: Wenn wir im weißen Kittel auftreten und vor diesem Zelt stehen, dann führen wir wirklich andere Gespräche, als wenn wir einfach so mit Leuten reden.

LESCH: Ach, habt ihr das gespürt?

HERRMANN: Wir haben gemerkt: Durch den weißen Kittel und die ganze Umgebung ändert sich meine Rolle. Jetzt bin ich Ärztin oder Pflegekraft und ich erkläre die Umstände dieses Notfalls. Die Sprache wird einfacher, sie wird klarer, eindeutiger, die Sachlage wird mehr zugespitzt, und auch das Bild der Erde auf der Notfallliege wirkt einfach. Wir haben dann eine Pressekonferenz abgehalten, aber die Presse hat das damals noch nicht interessiert. Obwohl wir interessante Redner:innen hatten: eine Bundestagsabgeordnete von den Grünen, jemand vom Senat der Stadt Berlin, von der Landesärztekammer und auch jemand von der Bundesvertretung der Medizinstudierenden. Wir haben alles gefilmt. Es entstand zwischen uns ein sehr intensiver Austausch. Mit den meisten von damals stehen wir heute noch in ganz engem Kontakt, die grüne Bundestagsabgeordnete ist jetzt Staatssekretärin im Umweltministerium – die versteht, worum es geht.

Das heißt: Auf der einen Seite war die Mahnwache ein Misserfolg. Keine Artikel in den Zeitungen, keine Fernsehkameras, keine Berichte im Radio, nichts! Und auf der anderen Seite war sie ein großer Erfolg. Wir haben gemerkt, dass das was mit uns macht, über Tage und Nächte auf der Straße zu stehen. Wir haben unsere Wirkung neu wahrgenommen und Unterstützer gefunden. Wenige Tage später habe ich dann mit dir gesprochen und wieder festgestellt, meine Kommunikation hat sich stark verändert und sie kommt an. Du bist ja Deutschlands bestes Trüffelschwein für gute Geschichten zum Thema Klima.

LESCH: Das war im Herbst – nicht gerade die ideale Jahreszeit für Mahnwachen.

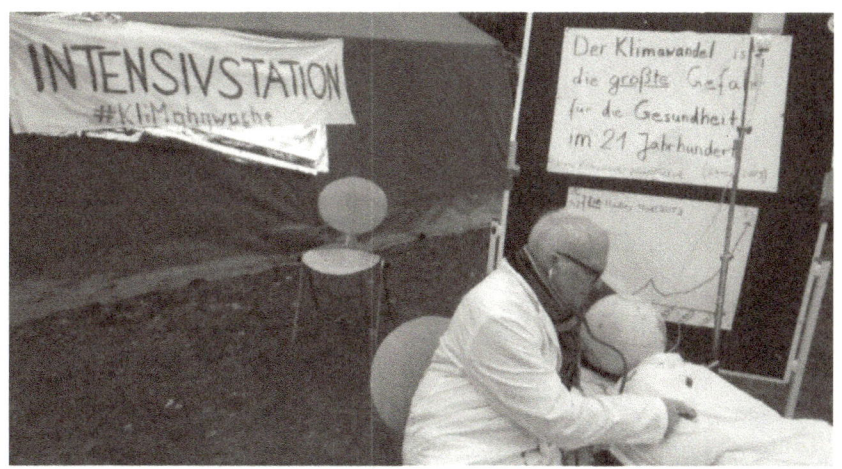

1: Mahnwache Charité, November 2018 (KLUG)

HERRMANN: Ja, es war kalt und nieselte immer wieder, Novemberwetter eben. Keine Minusgrade, aber doch unangenehm. Man steht da manchmal zu zweit, zu dritt, zu viert, aber eigentlich alleine da und exponiert sich. Und das verändert was. Ich habe heute noch das Gefühl, wenn ich irgendwo einen Vortrag halte oder mit Leuten spreche, dann spüren die Menschen intuitiv: Das ist ernst gemeint, das ist nicht rhetorisch.

LESCH: Mahnen ist ja auch was Besorgniserregendes. Bewachen und Mahnen ist eine ernste Angelegenheit. Für mich ist das eine der grundlegenden Erfahrungen in den letzten Jahren, dass man im Klimaschutz nur Menschen trifft, die es ernst meinen. Das sind keine Spinner:innen, keine Angeber:innen, sondern alle machen sich gemeinsam Sorgen. Und alle versuchen auf ihre Weise, mit ihren Möglichkeiten, dazu beizutragen, dass die Öffentlichkeit beginnt, achtsam und aufmerksam zu werden. Alle hoffen, dass das, was wir tun, klarmacht: Hört mal, das ist hier kein Spaß, das ist hier kein Spiel, sondern hier geht's um was, nämlich wirklich um alles.

Ich kann mir auch gut vorstellen, wenn du bei so einer Mahnwache morgens um 6 Uhr dastehst, eine warme Tasse Kaffee in der Hand, dass du dich da schon mal fragst: Was soll denn das? Was machen wir hier eigentlich? Meine Güte, muss das wirklich sein? Und die Überzeugung wächst in einem solchen Moment: Ja, es muss sein. Daraus entsteht ja dann auch eine Ernsthaftigkeit. Und natürlich auch ein Korpsgeist, bei allen, die dabei waren.

HERRMANN: Das war der Beginn einer neuen Phase und hat schließlich auch zu unserer Zusammenarbeit und diesem Buch geführt. Das Bild von der Mahnwache vor der Charité zeigt, dass unsere Erde auf der Intensivstation liegt. Wir diagnostizieren einen planetaren Notfall. Da beobachten wir sehr genau die Vitalparameter, um zu sehen, welche sofortigen Interventionen nötig sind, aber auch, was mittelfristig und längerfristig für die Gesundheit getan werden muss. Das Handeln im Notfall hat höchste Priorität, alle anderen Themen stehen zurück, alle Ressourcen werden dafür gebraucht.

In der Öffentlichkeit und in der Politik ist diese Notfalldiagnose noch nicht angekommen. Sie ist aber die Voraussetzung für erfolgversprechende Therapien. Wir bewegen uns auf den Abgrund zu und können der Krise nicht mehr ausweichen. Aber wenn wir all unseren Mut zusammennehmen, unsere Ressourcen bündeln, die krankmachenden Wirtschaftsweisen ändern, dann schaffen wir den großen Sprung in eine nachhaltige Welt!

Hintergrundwissen:
Die Klimakrise als medizinischer Notfall

Für Ärzt:innen ist ein medizinischer Notfall eine Situation, in der ein Mensch unmittelbar dem Risiko ausgesetzt ist, einen massiven Schaden zu erleiden. Rasches Eingreifen ist erforderlich. Manchmal, zum Beispiel bei einer Wiederbelebung, muss das sofort erfolgen, da dem Gehirn nach rund drei Minuten ohne Sauerstoff irreversibler Schaden droht. Bei anderen Notfällen ist eine Behandlung binnen Minuten oder gar Stunden ausreichend, um negative Folgen abzuwenden. Solange der Notfall nicht vollständig versorgt ist, ist die Dimension Zeit jedoch immer entscheidend.

Während der Behandlung gilt es, alle Maßnahmen richtig zu priorisieren, da sie meist aufgrund von Platz- oder Ressourcenmangel nicht gleichzeitig durchgeführt werden können. Die Helferinnen und Helfer müssen die Situation richtig einschätzen. Dazu benötigen sie wichtige Informationen, Erfahrung, aber auch ein Verständnis möglicher Entwicklungen in den nächsten Minuten und Stunden. Nur wenn sie die Situation auf allen Ebenen adäquat bewerten, können sie ihre Prioritäten richtig setzen, den Ressourcenbedarf abschätzen und, wenn nötig, zusätzliche Kapazitäten aktivieren.

Notfälle geschehen meist unerwartet. Oft treffen dabei mehrere Helfende aufeinander, sie begegnen sich häufig nur ein einziges Mal in dieser Konstellation und sehen sich danach vielleicht nie wieder. Meistens verfügen sie über ein sehr unterschiedliches Maß an Erfahrung und Ausbildung. Es können Laien sein, Rettungsassistent:innen mit vielen Jahren Berufserfahrung oder Notärzt:innen. Solche Helfer:innen-Teams müssen mit den Hilfsmitteln zurechtkommen, die ihnen zur Verfügung stehen. Sie orientieren sich eher an den Ressourcen und weniger an den Defiziten. Das hilft über alle Heterogenität der Helfenden hinweg und ist die Voraussetzung, kreativ mit den Unzulänglichkeiten einer Situation umzugehen. Menschen sind außerdem intrinsisch motiviert, anderen zu helfen. Sie handeln intuitiv, wenn es darum geht, Menschen zu retten, um Leben zu kämpfen und zum Beispiel Verschüttete zu bergen.

Zeit, Situationsbewusstsein und die Motivation möglicher Helfer:innen – diese drei Dimensionen lassen sich auch auf den Notfall Erde übertragen. Die Erde ist rund 4,6 Milliarden Jahre alt. Doch nur 250 Jahre Industriekapitalismus haben möglicherweise ausgereicht, um mehrere Kipppunkte zu erreichen, die zu einem irreversiblen Wandel führen. Dieser Wandel kann den Planeten zu großen Teilen unbewohnbar machen. Das ist ungefähr so, als reichten drei Minuten aus, um ein 80-jähriges Menschenleben zu zerstören. Bezogen auf die lange Existenz unseres Planeten sind es nur 3,5 Sekunden, die sein Ende als bewohnbarer Trabant der Sonne bedeuten könnten.

Diese 3,5 Sekunden sind die wenigen Jahre, die wir noch haben, um die globale Erwärmung auf + 1,5 °C in Relation zur Zeit vor dem Industriezeitalter einzubremsen. Viele gehen davon aus, dass das nicht mehr gelingen kann, aber Ärzte in Notfallsituationen machen das ganz anders. Sie legen alles, was sie an Wissen, Erfahrungen und Ressourcen haben, in die Waagschale und handeln. Jede erfahrene Notfallärztin kennt Fälle, die scheinbar aussichtslos waren – und die Betroffenen kamen dennoch von der anderen Seite zurück. Die Transformation muss also sehr schnell gehen, wenn wir bleibende Schäden verhindern wollen.

Kehren wir zu dem Notfall-Bild zurück: Noch wird die Schwere der Situation nicht ausreichend erkannt. Zwar sind alle relevanten Informationen vorhanden, und es stehen Wissen und Fertigkeiten zur Verfügung, um den künftigen Verlauf abzuschätzen. Aber die Diagnose des planetaren Notfalls ist nicht umfangreich genug gestellt, die bisherigen Maßnahmen sind völlig ungenügend. Die zentrale Herausforderung ist hier die Dimension Zeit. Wir müssen innerhalb von ein bis zwei Jahrzehnten eine große Transformation bewältigen und dabei die Trägheit gesellschaftlicher Systeme berücksichtigen (ähnlich der Behandlung einer lebensbedrohlichen Blutung, bei der die Zeit bis zur Ankunft von Blutprodukten einkalkuliert werden muss).[1]

---

1   Dieser Abschnitt geht in großen Teilen auf das Kapitel »Planetary Health – Ein medizinischer Notfall« von Christian M. Schulz und Claudia Traidl-Hoffmann in: *Planetary Health – Klima, Umwelt und Gesundheit im Anthropozän* von Claudia Traidl-Hoffmann, Christian M. Schulz, Martin Herrmann und Babette Simon (Hrsg.) von 2021 zurück.

Gespräch 2:
Der Countdown erreicht uns

LESCH: Wenn wir mit anderen sprächen, würden wir vermutlich ganz ähnliche Geschichten hören, Geschichten über diese Momente, wo sich jemand sagt: »Jetzt habe ich es verstanden.« Und dann kommt die Frage nach den Konsequenzen, den Handlungen, die auf allen gesellschaftlichen Ebenen nötig sind. Es geht um eine große Transformation, um fundamentale Veränderungen im privaten wie im öffentlichen Leben. Als eine Art Vorbereitung gibt es auf internationalem Niveau Konferenzen. Auf der COP 26, der 26. UN-Klimakonferenz 2021 in Glasgow, stand da das Thema Klimawandel und Gesundheit auf der Agenda?

HERRMANN: Ja, es war auf der Agenda. Es gab auch das erste Mal einen Stand von der Weltgesundheitsorganisation WHO und viele Veranstaltungen. Das heißt: Unser Thema ist in den letzten zwei, drei, vier Jahren auch in der Klimawissenschaft und der Klimapolitik angekommen und gewinnt zunehmend an Bedeutung. Da hat sich in den letzten Jahren viel getan. Nicht nur in Deutschland, sondern auch in vielen anderen Ländern haben sich Netzwerke gebildet, die anfangen, zu diesem Thema zu arbeiten.

Auf der COP 26 sind alle wichtigen Themen angesprochen worden. So haben sich 14 Länder zur Klimaneutralität ihrer Gesundheitssektoren bis 2050 verpflichtet, über 50 Länder und sehr viele Gesundheitseinrichtungen machen sich auf den Weg. Der englische Gesundheitsdienst NHS hat sich verpflichtet, bis 2045 klimaneutral zu sein. Ein Freund und Begleiter von uns, der Mediziner Nick Watts, ist da die verantwortliche Person. Er hat in Glasgow vorgestellt, wie weit sie bisher gekommen sind. Da entsteht weltweit eine große Bewegung. Und zeitgleich hat der Deutsche Ärztetag eine Resolution verabschiedet, die sich die Klimaneutralität des deutschen Gesundheitssektors bis 2035 zum Ziel gesetzt hat.

LESCH: Wichtiger Akteur beim Thema Klima und Gesundheit ist ja schon seit Jahren, wenn ich das richtig verstehe, das britische Journal *The Lancet*. Kannst du das noch mal erklären?

HERRMANN: Das britische *Lancet*, eine renommierte medizinische Fachzeitschrift, hat 2015 ein internationales Expertengremium ins Leben gerufen: den *Lancet*-Countdown. Jährlich veröffentlicht diese Gruppe von Vertreter:innen der wichtigsten wissenschaftlichen Institutionen weltweit anhand von mehr als 30 Indikatoren den Stand eines weltweiten Monitorings zum Thema Klimawandel und Gesundheit. Bereits 2009 hatte eine *Lancet*-Kommission deutlich gemacht, dass die Klimakrise die größte Gesundheitsbedrohung unserer Zeit ist. Und die aktuellen Countdown-Berichte zeigen, dass die Lage eher schlechter wird als besser. Sie zeigen aber auch, dass sich der Gesundheitssektor weltweit immer schneller mobilisiert und das Thema als planetaren Gesundheitsnotfall auf die Agenda setzt.

LESCH: Ihr bringt sogenannte *Policy Briefs* heraus. Was ist das – ein Mittel der Politikberatung?

HERRMANN: Kurz vorausgeschickt: 2019 hatte sich unser Thema auch dank der globalen Aktionen von *Fridays for Future* sehr dynamisch weiterentwickelt. Es waren viel neue Vernetzungen und Möglichkeitsräume entstanden. Für uns war das der Sprung von der kleinen, unbekannten NGO zum in wichtigen Kreisen anerkannten Koordinator mit dem Schwerpunkt Transformation. Es gab nun in Deutschland das *Health-for-Future*-Netzwerk mit Gesundheitsakteuren in (heute) über 70 Ortsgruppen, darunter auch einige in der Schweiz und in Österreich. Wir hatten die Transformations-dimension auch in die medizinische Aus- und Fortbildung eingebracht. Und dann kam der Kontakt zur internationalen *Lancet*-Countdown-Gruppe.

Der Beginn war unspektakulär. Im Mai 2019 bekamen wir eine Einladung vom *Lancet*-Countdown-Team. Schnell wurde offensichtlich, dass sich das internationale Team in Deutschland nicht auskannte. Uns hatten sie über Google gefunden. Wir haben sofort zugesagt und unsere Unterstüt-zung für die Einladung von Akteur:innen, aber auch für die Gestaltung der Veranstaltung angeboten. Per Videocall dis-kutierten wir mit dem Executive Director des *Lancet*-Count-down, Nick Watts, über die möglichen Zielsetzungen. Wir boten an, wichtige Akteur:innen für das Treffen zu gewin-nen und den *Lancet*-Countdown in Deutschland bekannt zu machen. Wir hatten sofort erkannt, dass das eine riesige Chance sein könnte, die gerade entstehenden Netzwerke mit dem international wichtigsten wissenschaftlichen Verbund für Klimawandel und Gesundheit zusammenzubringen. Das veränderte das Wissens- und Anspruchsniveau. Rela-tiv schnell hatten wir 70 Teilnehmer:innen aus Ministerien und Bundesbehörden, Ärztekammern, den Büros von Bun-destagsabgeordneten, NGOs, Studierendenverbänden sowie natürlich aus der Wissenschaft beisammen.

LESCH: Das ist ja für dich dein tägliches Handwerk – Entwicklungsarbeit mit unterschiedlichen Akteur:innen.

HERRMANN: Wichtig für die intensive Kommunikation bei Konferenzen ist neben der Diskussion im Plenum die Arbeit in Kleingruppen. Nach kurzen Impulsvorträgen wurde zweimal in wechselnden Gruppen konzentriert gearbeitet. Die Ergebnisse wurden jeweils im Plenum vorgestellt. Bei der zweiten Gruppenarbeit waren alle nach beruflicher Zugehörigkeit eingeteilt, also alle Wissenschaftler:innen zusammen, alle Journalist:innen, alle Kammerdelegierten und so weiter. Das sollte dabei helfen, herauszuarbeiten, was in den einzelnen Feldern im nächsten Jahr anstand.

Ich bin zu der kleinen Gruppe von Kammerdelegierten gegangen, um auszuloten, was noch in jenem Jahr möglich wäre. Ihre Einschätzung war: Die Einbindung der Bundesärztekammer wäre frühestens in zwei Jahren denkbar. »So was braucht Zeit, schnell geht da gar nichts.« Meine Rückfrage: »Wenn Ebola vor der Tür wäre, wie schnell würde es dann gehen?« Diese Provokation erzeugte Bewegung. Wenn wir den Klimanotfall als solchen ernst nähmen, ginge es nämlich schneller. Vielleicht bekämen wir es hin, zwei Landesärztekammern zu gewinnen. Also vereinbarten wir als sehr ehrgeiziges Ziel: eine öffentliche Veranstaltung wenige Monate später in Zusammenarbeit mit zwei Landesärztekammern und vielleicht sogar mit einem *Policy Brief.*

Fünf Tage später geschah dann das Wunder: Einer der Delegierten hatte mit einem Präsidiumsmitglied der Bundesärztekammer gesprochen und der hatte tatsächlich signalisiert, dass er diese Idee bei der nächsten Sitzung einbringen wolle. Wenn renommierte deutsche Forscher und der *Lancet*-Countdown sich beteiligen würden, könnte man es ja versuchen. Sabine Gabrysch, die seit kurzer Zeit Professorin am Potsdamer Institut für Klimafolgenforschung und an der Charité bestens bekannt war mit den Hauptakteur:innen des *Lancet*-Countdown, war schnell überzeugt, und Annette Peters, Direktorin des Instituts für Epidemiologie des Münchner Helmholtz-Zentrums fur Gesundheit und Umwelt, ebenfalls. So wurde die Idee bei der nächsten Sitzung des Präsidiums der Bundesärztekammer vorgeschlagen und gebilligt. Von wegen zwei Jahre, es konnte losgehen. Sofort! Unglaublich! Voraussetzung: Anfang September, also nach sechs Wochen, musste ein endgültiger Entwurf vorliegen.

LESCH: In wissenschaftlicher Zeitrechnung klingt das ziemlich unmöglich. Wissenschaft dauert, da braucht man Referenzen und Reviews. Wie habt ihr das bloß geschafft?

HERRMANN: Mitten in der Sommerpause musste das gerade entstehende Wissenschaftler:innen-Team die Daten des aktuellen globalen *Lancet*-Countdown-Berichts nach ihrer Aussagekraft für Deutschland sichten, relevante Schlüsselfelder auswählen, alle anderen wichtigen wissenschaftlichen Daten recherchieren und zusammenstellen, Empfehlungen formulieren und mit Experten testen und schließlich einen achtseitigen, wissenschaftlich fundierten *Policy Brief* in zwei Sprachen formulieren. Das Wunder: Alle Wissenschaftler:innen, die wir fürs Kernteam brauchten, sagten zu. Wir einigten uns schnell auf drei Schlüsselthemen: Gesundheitsrisiken von Hitze, Emissionen des Gesundheitssektors und Bildung zu Klimawandel und Gesundheit. Und dann legten wir los.

Am Tag vor der fälligen Weitergabe an die Bundesärztekammer hatten wir noch keine endgültige Version. Aber die Hauptautorin Franziska Matthies-Wiesler, Wissenschaftlerin am Helmholtz-Zentrum München, bekam es mit ein wenig Unterstützung durch unsere Gruppe dennoch hin. Ich schickte den Entwurf los. Zwei Monate später wurden der aktuelle globale Countdown und der deutsche *Policy Brief* in der Bundespressekonferenz und später in einer Startveranstaltung an der Berliner Hertie School vorgestellt. Die Kooperation zwischen dem *Lancet*-Countdown on Health and Climate Change, der Bundesärztekammer, dem Helmholtz-Zentrum für Gesundheit und Umwelt, der Charité, dem Potsdam-Institut für Klimafolgenforschung und der Hertie School – koordiniert von KLUG – hatte funktioniert. Unser aus heutiger Sicht wichtigster Erfolg.

Heute noch ist dieser unter Hochdruck formulierte Bericht eine der wichtigsten und wirkungsvollsten Referenzen für unsere Arbeit. Er wurde letztlich zur Basis für die sehr weitreichenden Beschlüsse zu Klimawandel und Gesundheit beim Deutschen Ärztetag zwei Jahre später.

Uns war etwas fast Unmögliches gelungen: In einem Sektor, in dem jedes öffentliche Wort erst nach zahllosen Kommissionssitzungen freigegeben wird, in dem auch Widerstände gegen revolutionär anmutende Themen an der Tagesordnung sind, konnten wir fast in Nullzeit einen Treffer landen. Und das Allerwichtigste: Alle waren froh, dass sie mitgemacht hatten. Der Deutsche Ärztetag ist auf unserer Seite. Unglaublich!

LESCH: In welchen Bereichen sind die Gesundheitsfolgen des Klimawandels besonders deutlich?

HERRMANN: Bedroht sind Menschen in allen Regionen der Welt und in allen Altersgruppen, sogar sämtliche Organsysteme sind betroffen. Sämtliche medizinischen Fachgebiete müssen überdenken, was sich in ihrem Feld durch den Klimawandel ändern wird. Zum Beispiel nimmt die Inzidenz von Nierenversagen bei großer Hitze zu. In Europa sind die steigenden Temperaturen am bedrohlichsten. Sie gefährden alle sensiblen Bevölkerungsschichten – ältere Menschen, Säuglinge, aber auch Patient:innen mit chronischen Erkrankungen wie Herz-Kreislauf-Leiden sowie Personen, die anstrengende körperliche Arbeit im Freien verrichten. In Deutschland kommt es schon jetzt in Hitzesommern zu bis zu zehntausend vorzeitigen Todesfällen. Das heißt aber auch, dass darüber hinaus Hunderttausende schwere Symptome haben und Millionen von Menschen in ihrem Befinden und in ihrer Arbeitsfähigkeit eingeschränkt sind. In den nächsten Jahren werden wir vermutlich deutlich dramatischere Hitzewellen bekommen. Darauf sind wir nicht vorbereitet.

LESCH: Aber Hitze ist nicht der einzige Vektor?

HERRMANN: Der regionale Klimawandel führt zu vielen weiteren Veränderungen. So nehmen Allergien zu, weil die Blühperioden länger werden, mehr Blütenstaub freigesetzt wird, außerdem kommen zusätzliche Pollenquellen durch invasive Pflanzenarten dazu. In Kombination mit der Umweltverschmutzung erhöht das die Anfälligkeit für atopische Krankheiten – etwa durch Störung der Hautbarriere. Somit befeuert der Klimawandel eine der häufigsten Erkrankungsgruppen des Kindes- und Erwachsenenalters, Allergien und Asthma. Auch Infektionskrankheiten breiten sich durch Insekten wie Mücken oder Zecken weiter aus. Exotische Erreger wie Dengue, Zika oder das West-Nil-Virus dringen bis nach Europa vor.

LESCH: Und was passiert im globalen Süden?

HERRMANN: Wir im globalen Norden leiden ja unter Erkrankungen des Überflusses – Diabetes, Herz- und Lungenkrankheiten, Übergewicht. Diese sogenannten Zivilisationskrankheiten hängen ganz direkt mit unseren Lebens- und Wirtschaftsgepflogenheiten zusammen, die selbst wiederum die Erwärmung vorantreiben und die Umwelt zerstören. Im globalen Süden hingegen hat die Zahl der Hungernden wieder um viele Millionen zugenommen – durch Missernten, Trockenheit und Extremwetterlagen. Sie sind auch besonders betroffen, weil die Armut dort größer ist und die Gesundheitssysteme schwächer sind. Die Covid-19-Pandemie hat diesen engen Zusammenhang zwischen Menschen, Zerstörung von Biodiversität und Gesundheit besonders deutlich gemacht. Deshalb sprechen wir heute über »Planetary Health«: Gesunde Menschen können nur auf einem gesunden Planeten existieren. Der Wissenschaftliche Beirat der deutschen Bundesregierung Globale Umweltveränderungen (WBGU) hat diesen Sachverhalt thematisiert: »Planetare Gesundheit – worüber wir jetzt reden müssen«.

Hintergrundwissen:
Was bedeutet »planetare Gesundheit«?

Die Übertragung medizinischer Kriterien auf die Situation der Erde führte zu einem neuen Paradigma: der »planetaren Gesundheit« (Planetary Health). Ab 2010 war das Verständnis dafür gewachsen, dass es nicht ausreichte, sich auf die Klimakrise und deren gesundheitliche Folgen zu fokussieren. Die Zerstörung der Umwelt und der Verlust von Biodiversität mussten ebenfalls einbezogen werden.

Planetary Health ist der größtmögliche Bezugsrahmen für die vielfältigen Wechselwirkungen der Gesundheit von Pflanzen und Tieren, Ökosystemen und Menschen. Das Konzept ist weit über den Gesundheitssektor hinaus ein übergreifendes Paradigma für fast alle wissenschaftlichen Disziplinen, Wirtschaftszweige, kurz: alle gesellschaftlichen, sozialen und kulturellen Dimensionen. Nebeneinander stehen auf allen Ebenen die existenzielle Bedrohung unserer Zivilisation und die Notwendigkeit tiefgehenden transformativen Handelns in planetarem Ausmaß. So schreibt der Wissenschaftliche Beirat der Bundesregierung Globale Umweltveränderungen (WBGU) in seinem ersten Diskussionspapier: »In den letzten Jahrzehnten hat sich mit steigendem Wohlstand die menschliche Gesundheit weltweit verbessert, aber nicht alle Menschen haben davon profitiert. In ärmeren Bevölkerungsgruppen verursachen Infektionskrankheiten sowie Mütter- und Kindersterblichkeit weiterhin viel vermeidbares Leid. Zunehmend führen aber auch die Wohlstandsgewinne selbst zu negativen Auswirkungen auf die Gesundheit (...) durch Überkonsum von Nahrungsmitteln und Verdrängung körperlicher Bewegung aus dem Alltag (...) als schädliche Nebenwirkungen in Form von Luftverschmutzung und Umweltgiften. In der Folge nehmen Zivilisationskrankheiten wie Übergewicht, Diabetes, Herz-Kreislauf- und Atemwegserkrankungen weltweit stark zu.

Nicht zuletzt hat unsere ressourcenintensive Lebensweise mit ihrem immensen Ausstoß von Treibhausgasen, der Vernichtung natürlicher Lebensräume und der zunehmenden Verschmutzung an Land und im Meer zu einer planetaren Krise geführt. Sie bedroht die Lebensgrundlagen auf der Erde und damit die Gesundheit aller Menschen. Hitzewellen, Flutkatastrophen und Pandemien führen uns drastisch vor Augen, dass unsere Gesellschaft auf funktionierende Ökosysteme und ein stabiles Klima angewiesen ist. Die planetare Krise könnte zudem den Zusammenhalt unserer Gesellschaften gefährden und Gesundheitssysteme überfordern.«

»Wir stehen an einem Scheidepunkt«, so der WBGU weiter. Die Krise böte insbesondere die Chance, unsere Vorstellungen von Wohlstand und Fortschritt zu überdenken, Gewohnheiten zu durchbrechen und unsere Gesellschaften gerechter, nachhaltiger und gesünder zu gestalten. Viele der Probleme hätten gemeinsame Wurzeln, also könnten auch Lösungen von Synergien profitieren. Einige Beispiele:

Der kranke Planet: Der Mensch hat bisher drei Viertel der Landoberfläche und fast 90 Prozent der Ozeane verändert und damit ein massives Artensterben ausgelöst. Er hat durch die Verbrennung fossiler Energieträger und die intensive Bewirtschaftung von Böden und Wäldern eine fortschreitende Veränderung des globalen Klimas ausgelöst. Er gefährdet Biodiversität, Ökosysteme und ihre Leistungen und damit auch die menschliche Gesundheit. Durch vermehrte Hitzewellen und Überflutungen, Landdegradation und Wassermangel werden Regionen zunehmend unbewohnbar. Dies

zieht sowohl körperliche als auch psychische Gesundheits-
schäden nach sich, etwa durch den Verlust des gewohnten
Lebensumfelds, Flucht und Migration.

Ernährungssysteme: Die Art und Weise, wie wir Nahrung
produzieren und uns ernähren, zerstört natürliche Lebensräume und Biodiversität, verschmutzt Luft, Wasser und
Böden, erzeugt Treibhausgase, quält Tiere und schadet auch
unmittelbar unserer eigenen Gesundheit – etwa über Anti-
biotikaresistenzen, Nitrat im Grundwasser und Fehlernäh-
rung. Einerseits hungern weltweit 811 Millionen Menschen
und zwei Milliarden sind mangelernährt, andererseits sind
zwei Milliarden Menschen übergewichtig – mit zahlreichen
Folgeerkrankungen. Eine stärker pflanzenbasierte Ernährungsweise mit viel Gemüse, Obst, Nüssen und Hülsenfrüch-
ten und nur wenig Fleisch im Sinne der in Harvard entwickelten »Planetary Health Diet« bringt zahlreiche Vorteile: für die
menschliche Gesundheit, das Tierwohl sowie für Klima- und
Biodiversitätsschutz.

Gesunde Städte als Katalysator: Bis Mitte des Jahrhunderts
werden zusätzlich 2,5 Milliarden Menschen in Städten leben.
Die Gestaltung dieses Wachstums wird über die Frage ent-
scheiden, ob eine nachhaltige Zukunft möglich ist. Denn aufgrund ihrer hohen Ressourcen- und Energienachfrage sind
urbane Räume zentral für die Bewältigung der planetaren
Krise. Heutige Städte befördern meist Hitzeinseln, Luftverschmutzung und Bewegungsmangel. Die Art, wie wir künftig
Städte, aber auch ländliche Räume planen und (um-)bauen,
wird soziale Strukturen, Lebensweisen, Energie-, Wasser-
und Mobilitätssysteme prägen. Dabei lassen sich der Schutz
von Klima, Biodiversität (auch in Städten) und Gesundheit
verbinden. Lokal angepasste, effizientere Wasser- und Sani-

tärkonzepte können durch Wasser übertragbare Krankheiten reduzieren. Gesunde Lebensräume ermöglichen Lebensweisen, welche die Entstehung körperlicher und psychischer Erkrankungen verhindern und mit einem geringeren ökologischen Fußabdruck einhergehen.

Politik für planetare Gesundheit: Die enge Beziehung von Gesundheit und Umwelt erfordert Governance-Strategien, Instrumente und Institutionen, die beide Schutzgüter systemisch verzahnen. Hierbei sollten auch Zivilgesellschaft und Wirtschaft aktive Rollen zukommen. Aktuell zielen Umweltpolitik und Umweltrecht zwar teilweise auf den Schutz der Gesundheit, zum Beispiel bei Luftreinhaltung und Chemikalien. Einige Themen, etwa die Anpassung an den Klimawandel, finden aber noch zu wenig Aufmerksamkeit. Vor allem in der Gesundheitspolitik und im Gesundheitsrecht werden Umwelteinflüsse und -beeinträchtigungen bislang kaum berücksichtigt. Auch Entwicklungs-, Wirtschafts- oder Außenpolitik greifen Umwelt- und Gesundheitsschutz nicht systematisch und erst recht nicht systemisch auf.
Ansätze wie One Health, EcoHealth oder Planetary Health, welche die Politikbereiche Umwelt und Gesundheit miteinander verknüpfen, sind bislang weder im Völkerrecht oder im nationalen Recht verankert, noch wurden sie als Steuerungskonzepte von der Politik aufgegriffen. Die Anerkennung des Rechts auf gesunde Umwelt durch den UN-Menschenrechtsrat stößt eine Diskussion über diese Ansätze an. Die Covid-19-Pandemie könnte zum Anlass genommen werden, um Gesundheitsförderung, Prävention und Umweltvorsorge zusammenzuführen.

Bildung und Wissenschaft für planetare Gesundheit: Wichtig für das Umdenken und die Änderung alltäglicher individueller und kollektiver Verhaltensmuster ist eine gesellschaftliche Bewusstseinsbildung. Bildung und Wissenschaft sind dabei zentrale Hebel im Sinne nachhaltiger Entwicklung und planetarer Gesundheit. Neben der Schulbildung muss das Thema der planetaren Gesundheit in Berufs- und Hochschulbildung, in der Wissenschaft wie auch in der Förderlandschaft einen zentralen Platz einnehmen.[1]

---

1   Das ganze Kapitel beruht in weiten Teilen auf einem ersten Factsheet über planetare Gesundheit vom Herbst 2021, herausgegeben vom Wissenschaftlichen Beirat Globale Umweltveränderungen der deutschen Bundesregierung. Der WBGU arbeitet derzeit an einem Hauptgutachten zu planetarer Gesundheit. Wir sind beide seit mehreren Jahren in intensivem Austausch mit Prof. Sabine Gabrysch, sie wurde 2021 in den WBGU berufen und ist derzeit die einzige Gesundheitswissenschaftlerin im Beirat. Sie ist Gründungsmitglied von KLUG und hat maßgeblich dazu beigetragen, Planetary Health im deutschen Sprachraum vorzustellen. Einige Stellen wurden als Zitat gekennzeichnet, andere Stellen haben wir leicht angepasst und nicht als Zitat gekennzeichnet. https://www.wbgu.de/de/publikationen/publikation/impulspapier-health

Gespräch 3:
Wie steht es um die Vitalparameter des Planeten?

HERRMANN: Du als Naturwissenschaftler – wie siehst du das Verhältnis zwischen Mensch und Natur? Wie konnten wir diesen Planeten, unsere eigenen Lebensgrundlagen, so zerstören?

LESCH: Machen wir uns nichts vor, wir denken so gut wie nie daran, dass wir ein Teil der Natur sind und dass wir ohne funktionierende natürliche Randbedingungen überhaupt nicht existieren würden. Das ist auch kein Wunder, denn schließlich sind wir ja auch noch in anderen Lebenssituationen tätig und reflektieren nicht täglich die existenziellen Grundlagen unseres Seins. Aber wir haben uns von den Zusammenhängen unserer Existenz und dem Zustand der uns umgebenden Natur so weit entfernt, dass wir uns Bedrohungen, vielleicht sogar lebensgefährliche Bedrohungen durch die Natur und ihre Wirkungskreisläufe, fast gar nicht mehr vorstellen können. Wir sind vom Homo sapiens zum Homo ut semper in (der »Immer-so-weiter-Mensch«) geworden.

HERRMANN: Das hat uns unter anderem auch an unsere körperlichen und immunologischen Grenzen gebracht. Unsere Abwehrkräfte sind geschwächt, unsere Selbstheilung funktioniert nicht mehr. Dann, genau dann, spüren wir unsere Verwundbarkeit ...

LESCH: Natur tritt uns vor allem dann entgegen, wenn unsere eigenen natürlichen Ressourcen auf einmal eingeschränkt scheinen. Mit anderen Worten, Natur hat für uns immer irgendwie mit Krankheit zu tun. Wenn wir gesund sind, dann merken wir nichts von unserer Natur. In gesundem Zustand spüren wir nichts vom ständigen Reagieren unseres Immunsystems auf Eindringlinge, Staubteilchen, Aerosole, gesundheitsschädliche Chemikalien oder Krankheitserreger. Wir nehmen die inneren hormonellen Regulationsmechanismen für Blutdruck, Blutzucker, Magensäure und vieles mehr gar nicht wahr. Auch nicht, dass unsere Gesundheit ein hochdynamisches Fließgleichgewicht eines außerordentlich komplexen Systems ist, mit ständigen Rückkopplungen und Netzwerken auf allen körperlichen und seelischen Ebenen. Diese Unkenntnis der Natur und ihren eng verkoppelten Netzwerken macht uns unfähig anzuerkennen, wie empfindlich und damit verwundbar unser körperlicher und seelischer Zustand ist. Das, was wir als normal empfinden, ist in Wirklichkeit äußerst selten und nur unter ganz bestimmten Bedingungen so widerstandsfähig, dass es gegen äußere Störungen gefeit ist. Wir wollen uns also von Störungen nicht stören lassen.

HERRMANN: Leider sind wir in den industrialisierten Ländern seit Generationen fest davon überzeugt, jeder Gefahr mittels Technologie trotzen zu können, mit Hochleistungsmedizin.

LESCH: Wir setzen der Natur, mit ihren uralten Rezepten der Anpassung und Flexibilität, Technologien entgegen, die inzwischen schnell wie das Licht Informationen verarbeiten und dank der digitalen Algorithmen und Computer global im Netz kommunizieren und agieren. Mit anderen Worten, wir ersetzen die natürlichen Rhythmen und Wechsel durch technische Prozesse konkret durchgetakteter Maschinen.

HERRMANN: Das zeigt sich auch am ökologischen Fußabdruck der Medizin. Sie ist in Deutschland für mehr als fünf Prozent des CO_2-Ausstoßes verantwortlich. Die Medizintechnik ist außerdem ein Exportschlager in Deutschland. Die ist noch gar nicht eingerechnet.

LESCH: Maschinen brauchen Energie, so wie Lebewesen Wasser, Atemluft und Lebensmittel benötigen. Bis vor wenigen Jahrzehnten kam die Energie für die verschiedenen technologisch-industriellen Revolutionen aus dem Erdboden. Wir nutzten vor allem die gespeicherte Energie der Erdgeschichte. Wenn nämlich vor 300 Millionen Jahren Pflanzen und Tiere am Ende ihres Lebens auf den Boden sanken und dort Jahr für Jahr zusammengepresst wurden, dann speicherte die Erde chemische Energie von Kohlenwasserstoffmolekülen und anderen Verbindungen. Da sich im Laufe der Jahrmillionen der Druck auf diese Schichten erhöht hat und sie sich in Konsistenz und Dichte verwandelt haben, wurde aus dem lokal gespeicherten Material eine Lagerstätte. Überall auf der Welt finden sich im Boden Lagerstätten von Kohle, Öl und Erdgas, den Resten und Produkten lange verstorbener Lebewesen, geschaffen durch die Geschichte und Dynamik des Erdkörpers. Was so lange unter der Oberfläche gepresst und verwandelt wurde, das ist die Zaubernahrung der modernen Welt. Ohne diese »Superriegel« aus Kohle, Öl und Gas hätte die globalisierte Industrialisierung nie stattfinden können. Ihre Energiedichte ist sehr hoch und dank unserer raffinierten Raffinerien können wir sie sogar so stark erhöhen, dass wir damit tonnenschwere Flugzeuge auf über 10 000 Meter Flughöhe bringen können. Indem wir sie verbrennen, treiben die uralten fossilen Ressourcen unsere Autos, LKWs, Schiffe und Maschinen überall auf der Welt an. Wir machen aus der Geschichte der Erde Bewegung in der Gegenwart. So schnell kommt man vom Erdzeitalter des Karbon in unsere Jetztzeit. Und diese enorme Beschleunigung der Energiefreisetzung, die einmalig in der Erdgeschichte ist, hat natürlich Folgen für alle Netzwerke im Erdsystem.

HERRMANN: Du hast mal in einem Vortrag von »energetischer Adipositas der Menschheit« gesprochen.

LESCH: Laut den Veröffentlichungen der Universität Leipzig[1] verbraucht der Mensch seit jeher etwa 3 Kilowattstunden (kWh) am Tag für seine Nahrung. Allein durch das Heizen erhöhte sich in Mitteleuropa der Primärenergieverbrauch auf 6 kWh. Die Menschen des Mittelalters waren gut gekleidet, bauten Siedlungen, nutzten Schiffe und Pferde und nährten sowohl Kirchenpersonal als auch adlige Herrscher und Verwaltungen des Staates. Deshalb brauchten sie insgesamt 24 kWh pro Person und Tag. Heute entfallen weniger als 6 kWh auf die reine Nahrung und mehr als 12 kWh auf deren Transport und Zubereitung.

Im Jahre 2019 wurden in Deutschland pro Person und Tag 120 kWh Primärenergie verbraucht. In den USA betrug dieser Wert 219 kWh.

---

[1] https://home.uni-leipzig.de/energy/energie-grundlagen/04.html

HERRMANN: Kannst du das genauer erklären – was ist die Primärenergie genau?

LESCH: Die Primärenergie ist die gesamte bereitgestellte Energiemenge inklusive der Verluste bei der Energieumsetzung. Sie ist also deutlich höher als die tatsächliche genutzte Energie, die Endenergie. Für die Eingriffe in die natürlichen Kreisläufe ist aber die Primärenergie entscheidend, denn sie beschreibt die tatsächliche Energiemenge, die der Umwelt entzogen wird. Wie viel Endenergie wir am Schluss brauchen, hängt von der Effizienz unserer Energienutzung ab. Aber entscheidend ist die Primärenergie.

HERRMANN: Und wo stehen wir da?

LESCH: Nehmen wir mal die Welt. Der durchschnittliche tägliche Energieverbrauch eines Inders lag vor 50 Jahren noch bei 4 kWh, heute beträgt er schon ca. 20 kWh. China liegt zurzeit schon bei über 75 kWh und bemüht sich um den Anschluss an den Pro-Kopf-Verbrauch der Industriestaaten innerhalb der nächsten Jahrzehnte.

Nimmt man den globalen Durchschnitt, so lagen wir im Jahr 2019 bei einer Weltbevölkerung von 7,7 Milliarden Menschen bei einem täglichen Energieverbrauch von 58 kWh. Wenn die Bevölkerung bis 2050 erwartungsgemäß auf etwa 10 Milliarden ansteigt und alle Länder zum USA-Verbrauch aufrücken würden, wäre fast die sechsfache Energieerzeugung notwendig.

HERRMANN: Das sind so riesige Zahlen, dass man sich schwertut, sich darunter etwas vorzustellen.

LESCH: Wenn man auf einem Fahrradergometer zehn Stunden lang eine Leistung von 100 Watt getreten hat – das ist ein eher gemächliches Tempo –, entspricht dies einer Kilowattstunde. Mit anderen Worten, jeder in Deutschland nutzt jeden Tag mit seiner Mobilität, mit Gebäudeheizungen, Infrastruktur, Industrie und Kommunikation, Nahrung, Trinkwasser und Landwirtschaft die Leistung von 120 Fahrradfahrern, die zehn Stunden lang ununterbrochen bei 100 Watt treten. Eine ungeheure Energiemenge! Damit einhergehend wird weltweit Kohlenstoffdioxid ausgestoßen. Diese Emission nimmt seit 1960 kontinuierlich zu und erreichte im Jahr 2019 ihren bisherigen Höchstwert von rund 36,4 Milliarden Tonnen Kohlenstoffdioxid. Inzwischen sind die Zahlen leicht rückläufig. Laut einer Prognose der amerikanischen Energiebehörde EIA soll die Menge bis zum Jahr 2050 auf bis zu 43,1 Milliarden Tonnen ansteigen. Gegenüber dem Jahr 2018 würden sich die Emissionen somit um rund 22 Prozent erhöhen.[2]

HERRMANN: Das sind die Emissionen, die zur Erderwärmung führen.

LESCH: Die entscheidende Erkenntnis der Erdwissenschaften ist, dass der Mensch seit Beginn der Industrialisierung mehr emittiert, als der Planet in seinen natürlichen Kreisläufen wieder aufnehmen kann, zum Beispiel durch Wälder. Was das bedeutet, hatte ein schwedischer Physiker, Svante Arrhenius, bereits 1895 vorhergesagt. Er wollte herausfinden, wie die Erde sich im Laufe ihrer Entwicklung immer wie-

2   https://de.statista.com/statistik/daten/studie/28937/umfrage/prognose-zur-kohlendioxid-emission-weltweit-bis-2050/

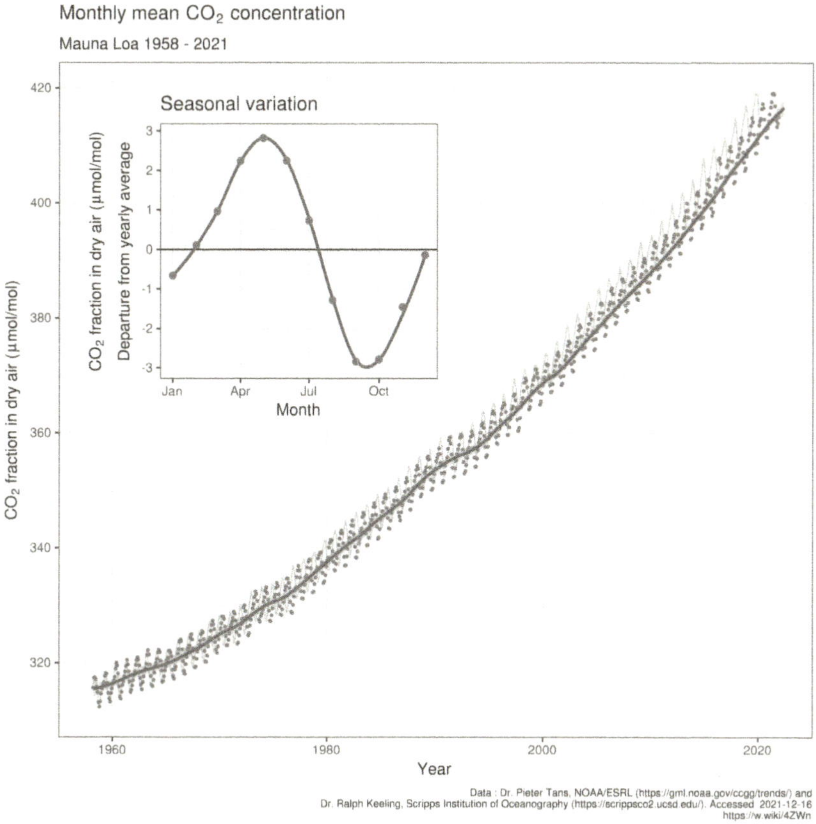

Monthly mean CO$_2$ concentration

Mauna Loa 1958 - 2021

2: Keeling-Kurve (By Delorme – Own work. Data from Dr. Pieter Tans, NOAA/ESRL and Dr. Ralph Keeling, Scripps Institution of Oceanography., CC BY-SA 4.0, https://commons.wikimedia.org/w/index.php?curid=40636957)

der aus den Eiszeiten befreien konnte. Schließlich wurde die Sonnenstrahlung bei zunehmender Vereisung immer stärker reflektiert, wieso also führte das nicht zu einer völligen Vergletscherung? Dann entdeckte er, dass der CO₂-Gehalt in der

Atmosphäre die Wärme zurückhielt. Wenn durch die Verbrennung von Kohle, Öl und Gas immer mehr CO_2 in die Atmosphäre gelangte, warnte er, würde sich die Temperatur in hundert Jahren um bis zu vier Grad erhöhen. Zwar stehen uns heute hochentwickelte Klimamodelle zur Verfügung, die uns mit großer Detailgenauigkeit die einzelnen Prozesse und Rückkopplungsmechanismen erklären können, aber an der ursprünglichen Prognose hat sich leider nichts geändert.

Der CO_2-Gehalt in der Atmosphäre wird an verschiedenen Orten der Welt gemessen. Besonders bekannt geworden ist die sogenannte Keeling-Kurve, die seit 1958 am Mauna Loa auf Hawaii gemessen wird.

Sie zeigt deutlich den ununterbrochenen Anstieg des CO_2-Gehaltes in der Erdatmosphäre in den letzten 60 Jahren. Dies gilt für die gesamte Atmosphäre, denn Konzentrationsunterschiede werden durch Luftströmungen binnen kurzer Zeit ausgeglichen.

Wir haben also durch menschliche Aktivitäten aller Art die globale Temperatur unseres Planeten signifikant erhöht, indem wir die Konzentration des Gases Kohlendioxid in der Atmosphäre innerhalb von 150 Jahren um fast 33 Prozent von 280 ppm auf 417 ppm erhöht haben.

HERRMANN: Medizinisch formuliert: Der Patient Erde hat seit einiger Zeit erhöhte Temperatur mit Tendenz zum Fieber. Das war übrigens ein Bild, mit dem wir bei Mahnwachen und Demos besonders punkten konnten. Das versteht intuitiv jeder, dass das nicht gut ist, wenn zum Beispiel die Polkappen schmelzen. Das Bild eines hungrigen, abgemagerten Eisbären ging rund um die Welt. Eisbären werden bald ausgestorben sein. Aber die Folgen der Erwärmung reichen viel weiter.

LESCH: Direkte Folge der Erwärmung ist selbstverständlich ein beschleunigter Rückgang der gefrorenen Variante von Wasser, also von Eis.

Die großen Eisflächen, die Gletscher auf dem Festland, gehen global überall zurück. In allen Gebirgszügen, auf Grönland und selbst in der Antarktis verschwindet Eis und nach den neuesten Daten des IPCC geschieht dies beschleunigt. Im Klartext: Der Meeresspiegelanstieg durch die Gletscherschmelze in Grönland nähert sich schon jetzt Werten, die erst für 2100 vorhergesagt waren. Studien zufolge haben die drei größten Gletscher Grönlands seit 1880 bereits 8,1 Millimeter zum Pegelanstieg beigetragen – bei »nur« 1,5 Grad lokaler Erwärmung. Prognostiziert war das jedoch erst für gut acht Grad Erwärmung.[3]

HERRMANN: Vermutlich hängt das damit zusammen, dass die Folgen des Temperaturanstiegs nicht einfach linear verlaufen, sondern über Rückkopplungen verstärkt werden?

LESCH: Ein Teil des Grönlandeises könnte sich einem Kipppunkt nähern, einer Schwelle, ab der ein komplettes Abtauen droht. Erste Anzeichen dafür sind unter anderem verstärkte Schwankungen in der Gletscherdynamik, die sich vor allem im zentral-westlichen Teil des Eisschildes zeigen. Ähnliche Frühwarnzeichen traten auch in den Eiszeiten auf. Insgesamt jedenfalls schrumpfen die Gletscher der Gebirge und in der arktischen Region schneller denn je. Das bestätigt die bisher umfassendste Bilanz aller rund 220 000 Gletscher weltweit. Insgesamt haben die Gletscher in den letzten 20 Jahren so viel Eis verloren, wie die Eisschilde Grönlands und der Antarktis gemeinsam ausmachen.

---

3 Khan et al., *Nature Communications* 11, 5718 (2020)

Zum ersten Mal war es in Grönland so warm, dass selbst auf dem höchsten zentralen Punkt des Eisschildes Regen fiel. Das war schon das dritte außergewöhnliche Schmelzereignis in weniger als einem Jahrzehnt. Es ist eindeutig eine Schwelle überschritten worden. Grönland kippt! Der Nordpol könnte schon vor dem Jahr 2050 im Sommer eisfrei werden. Selbst beim Einhalten des Zwei-Grad-Klimaschutzzieles, wie eine neue Simulation enthüllt.[4]

HERRMANN: Die Öffentlichkeit hat davon erst mal nur mitbekommen, dass das Eis Dinge freigibt, wie den österreichischen Gletschermann Ötzi. In Sibirien sind jetzt Mammuts aufgetaucht, die eine Million Jahre alt sind und deren DNS man sicherstellen konnte.

LESCH: Der Permafrostboden taut auf – ist doch klar! Die Temperaturen eines solchen Bodens müssten mindestens zwei Grad unter null Grad liegen. Nur mal zur Klarstellung: Permafrostregionen nehmen ein Viertel der Erdoberfläche ein! Vor allem Gebiete in Sibirien, Kanada und Alaska sind durch diese gefrorenen Landschaften geprägt. In Zentralsibirien kann der Boden bis in eine Tiefe von über 1500 Metern durchgefroren sein. Die globale Erwärmung weckt hier ein »Energiemonster«. Außerdem werden dadurch Mikroorganismen aktiv, die im Boden gespeicherte Kohlenstoffverbindungen in Methan, Wasserdampf, Lachgas und Kohlendioxid verwandeln und so den Treibhauseffekt noch verstärken.

4   Geophys. Res Lett, 47, April 2020

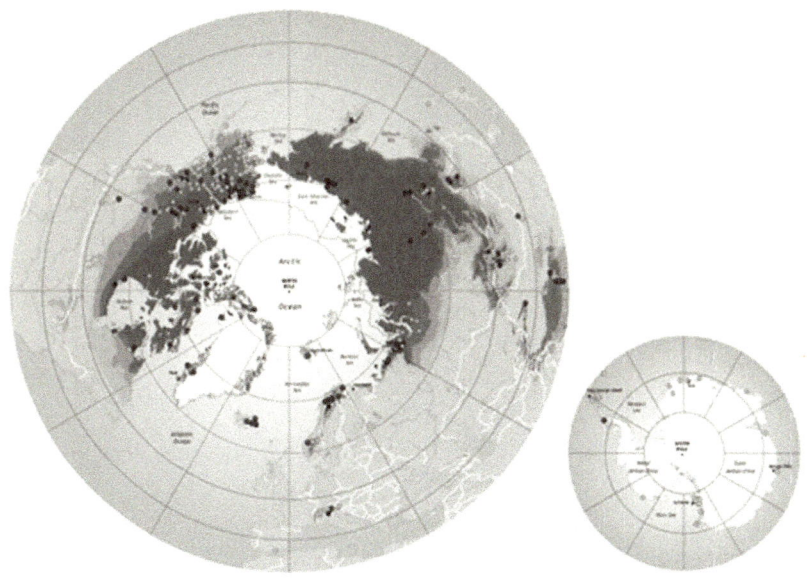

3: https://www.eskp.de/klimawandel/zusammenhang-zwischen-
klimawandel-und-permafrost-93591/

HERRMANN: Medizinisch gesehen, können hier auch viele
Krankheitserreger frei werden, zum Beispiel frühere Pocken-
erreger, die sich über Tiere erneut verbreiten können.

LESCH: Im Zuge der Erwärmung wird die südliche Ausbrei-
tungsgrenze des Permafrostes nach Norden zurückweichen.
Und verglichen mit heute wird in den nördlichen Gebieten
der Boden im Sommer zukünftig tiefer auftauen. Heute sind
ca. 50 Zentimeter üblich, in 100 Jahren sind hier 80 Zentimeter möglich. In all diesen Bereichen müssen sich Fauna
und Flora umstellen. Wo es vorher trocken war, kann es

feucht werden. Demgegenüber besteht die Möglichkeit, dass Gebiete mit vielen Seen plötzlich austrocknen. Das Wasser der Seen versickert im Untergrund, wenn der Permafrost durchlässig wird. Im Westen Alaskas sind innerhalb weniger Wochen 192 Schmelzwasserseen ausgelaufen, zehnmal so viel wie üblich. Gleichzeitig entsprachen die Klimabedingungen denen, die von Modellen erst für 2060 vorhergesagt wurden. Es ist derzeit so, als ob wir die Explosion einer Treibhausgasbombe in Zeitlupe erleben würden.

Hintergrundwissen:
Der Anstieg der Meere

Wenn Festlandeis schmilzt, wachsen die Meere. Sie dehnen sich thermisch aus, das wiederum verändert die Windsysteme. Das beeinflusst das Wetter, die Hitzewellen nehmen zu, durch sie steigt der Meeresspiegel weiter. Dies führt zu immer häufigeren Überschwemmungen, aber auch zu schleichendem Landverlust auf vielen Inseln und in Küstengebieten. Pro Jahr nimmt das Tempo des Meeresspiegel-Anstiegs um knapp 0,1 Millimeter zu, wie Forscher:innen 2018 auf Basis von Satellitenmessungen errechnet haben. Aus den momentan rund drei Millimetern Pegelanstieg pro Jahr könnten dadurch in zehn Jahren schon vier Millimeter werden. Hält der Trend an, könnten bis zum Jahr 2100 allein durch den steigenden Meeresspiegel mehr als zwei Milliarden Menschen zu Klimaflüchtlingen werden.

Ab den 1960er Jahren führten die klimatischen Veränderungen dazu, dass sich die Westwinde auf der Südhalbkugel verstärkten. Dadurch wurde mehr warmes Wasser nach Norden transportiert, was in subtropischen Regionen den Meeresspiegelanstieg wiederum verstärkte. Weiter im Süden sorgten die Winde dafür, dass das Meerwasser stärker durchmischt wurde. So wurde mehr Wärme aus der Atmosphäre in den Ozean gepumpt, wodurch sich der Wasserkörper ausgedehnt hat und der Meeresspiegel gestiegen ist.[5]

Wenn es noch wärmer wird, dann verdunstet das Wasser und wird zu Wasserdampf. Wasser nimmt, je nach Temperatur und Druck, unterschiedliche Zustände an. Geprägt sind

---

5   Dangendorf et al., *Nature Climate Change* 9, 705 (2019)

sie durch die Bewegungsenergie der Wassermoleküle. Im Eis sind die Moleküle in Clustern gebunden, acht bis zwölf hängen da zusammen. Im Wasser sind es 6er-Cluster und im Wasserdampf sind die Moleküle isoliert. Wenn Temperatur oder Druck in der Umgebung sinken, dann kondensiert der Wasserdampf und wird wieder Flüssigkeit. Dabei muss die Bewegungsenergie der Gasmoleküle an die Umgebung abgegeben werden.

Wenn sich also durch die global erhöhte Temperatur mehr Wasserdampf in der Atmosphäre befindet, dann ist auch mehr Energie in der Luft. Mehr Energie bedeutet höhere Dynamik, also mehr Bewegung. Das bringt eine wesentlich erhöhte Wahrscheinlichkeit für extreme Wettererscheinungen mit sich – wie Starkregenereignisse über der Landmasse oder schwere Stürme über den Ozeanen. Das wird bereits seit Jahren prognostiziert.

In Deutschland verursachten die durch Starkregen angeschwollenen Bäche und Flüsschen katastrophale Überflutungen und zerstörten ganze Ortschaften. Im Westen Nordamerikas, am Mittelmeer und in Sibirien brannten die Wälder und immer wieder treiben Hitzewellen Temperaturen zu neuen Rekorden. Der Weltklimabericht bestätigt, dass Wetterextreme messbar zugenommen haben.

Erstmals quantifizieren die IPCC-Autor:innen, wie stark der Klimawandel diese Trends vorantreibt. Demnach nehmen extreme Starkregenereignisse mit jedem Grad der Erwärmung um rund sieben Prozent zu. Frühere Jahrhundertereignisse werden dadurch häufiger und erreichen Intensitäten, die mancherorts noch nie zuvor beobachtet worden sind. Ähnliches gilt für Dürren und Hitze: Jedes halbe Grad mehr verursacht eine spürbare Zunahme in Häufigkeit und Intensität. Bei einer Erwärmung um zwei Grad werden solche Zehn-Jahres-Hitzerekorde 5,6 Mal häufiger vorkommen und

2,6 Grad heißer sein. Eine Jahrhunderthitze wird sogar knapp 14 Mal häufiger vorkommen, so die Prognosen.

Die massive Erwärmung der Arktis beeinflusst die atmosphärische Dynamik der gesamten Nordhalbkugel. Tief- und Hochdruckgebiete bleiben länger über einer Stelle stehen, das von ihnen bestimmte Wetter intensiviert sich.

Das Erdklima erwärmt sich ungebremst. Inzwischen liegen die globalen Mitteltemperaturen schon um 1,1 Grad höher als noch zu Beginn der Industrialisierung zwischen 1850 und 1900. Bei den Landflächen hat die Erwärmung im Schnitt schon 1,6 Grad erreicht. Das bedeutet auch: Bis zu den 1,5 Grad, auf die das Pariser Klimaabkommen die Erwärmung eigentlich begrenzen wollte, ist nicht mehr viel Luft.

Wie stark sich also der aktuelle Klimawandel von früheren, natürlichen Veränderungen unterscheidet, zeigt sich an seinem rasanten Tempo: In der letzten Zwischeneiszeit stiegen die Temperaturen zwar sogar um fünf Grad und damit deutlich mehr als heute, für die Erwärmung benötigte die Erde aber damals ca. 5000 Jahre, also rund ein Grad pro Jahrtausend. Dieses eine Grad hat die anthropogene Erwärmung in nicht einmal 150 Jahren geschafft. Und was die Zukunft betrifft, so zeigen alle Szenarien des Berichts: Bis 2040 wird die Erwärmung in jedem Fall 1,5 Grad erreicht haben, egal, wie gut und schnell unsere Klimaschutzbemühungen greifen. Auch die Schwelle von zwei Grad Erwärmung könnte schon 2050 überschritten werden, wenn die Emissionen nicht schnell und drastisch gesenkt werden.

Gespräch 4:
Mal ganz grundsätzlich: Unser Planet und wir

HERRMANN: Eigentlich wissen wir das ja alles schon, aber warum berührt es große Teile der Öffentlichkeit so wenig? Sind wir nicht Teil der Erde? Sind Wettersysteme und Wasserkreislauf nicht ebenso wichtig für uns wie unser eigener Blutkreislauf, unser eigener Wasserhaushalt?

LESCH: Das stimmt. Wir sind als Homo sapiens nämlich das Ergebnis eines ganz besonderen materiellen Verwandlungsprozesses. Da die Erde das Resultat eines kosmischen Strukturbildungsprozesses ist, sind wir, was unsere materiellen Bausteine betrifft, Sternenstaub. Auf der atomaren und molekularen Ebene bestehen wir aus chemischen Elementen, die in Sternen erbrütet wurden. Die unmittelbarste Verbindung zwischen uns und der Welt um uns herum sind Atmung und Nahrungsaufnahme. Wir nehmen Moleküle auf, deren gespeicherte chemische Energie wir zum Lebendigsein nutzen. Dies sind in erster Linie der Sauerstoff in der Luft, Wasser und die Moleküle der festen Nahrung. Damit wird klar, dass uns alle natürlichen Kreisläufe für Wasser, Boden und Luft direkt betreffen. Sobald das Wasser verunreinigt ist, der Boden vergiftet, oder die Luft mit Schadstoffen angereichert, ist unser Lebendigsein in tödlicher Gefahr. Die Natur ist ein Ganzes. Es gibt in ihr keine Lücken. Wir

Menschen sind für immer mit ihr verbunden, es ist unmöglich, uns von der Natur zu trennen.

HERRMANN: Der Mensch ist nicht Herr über die Erde, sondern fast eine Art Randerscheinung. Als Homo sapiens existiert er gerade mal 200 000 Jahre. Die ersten Spuren von Leben auf der Erde hingegen sind …

LESCH: … über 3,5 Milliarden Jahre alt. Der Planet ist wohl 4,567 Milliarden Jahre alt. Da tut sich ein gewaltiger zeitlicher Abgrund auf zwischen uns Jungspunden und den ganz alten Mechanismen, Netzwerken und Stoffkreisläufen, die schon so lange auf unserem Planeten das Geschehen bestimmen. Da bewegen sich Kontinente mit der Geschwindigkeit, mit der unsere Fingernägel wachsen. Über Jahrmillionen schieben sich die kontinentalen Platten übereinander, reiben sich oder versinken unter der Meeresoberfläche. All das ist für uns unsichtbar und bleibt deshalb unbemerkt. Aber wehe, die gespeicherte Energie unter unseren Füßen wird schlagartig frei. Dann kann es zu Erdbeben und Sintfluten biblischen Ausmaßes kommen, und zwar von einer Sekunde auf die andere. Lange Zeit waren wir Menschen diesen Kräften völlig hilflos ausgesetzt, wussten weder Ursache noch Wirkung. Die Naturwissenschaft hat uns hier enorme Erkenntnisse gewinnen lassen. Heute können wir zumindest warnen, wir können Vorzeichen und Anzeichen erkennen. Wenn die Natur sich verändert, sind unsere Handlungsspielräume jedoch winzig.

HERRMANN: Betrachten wir doch die Erde mal als Mitbewohner und nicht als Kulisse, vor der sich unser Leben abspielt. Schauen wir auf unseren Planeten als Organismus.

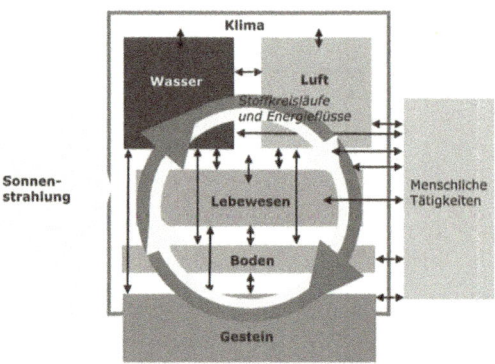

4: Ökosystem Erde (https://www.oekosystem-erde.de/index.html)

Um im medizinischen Jargon zu bleiben: Wir Menschen verursachen der Erde Kreislaufprobleme. Ihr Stoffwechsel kann nicht mehr für einen dynamischen Ausgleich sorgen. Wie lange kann der Blaue Planet das überleben?

LESCH: Der Planet wird noch lange existieren, aber wie es um das Leben auf ihm stehen wird, das ist eine andere Frage. Auch kleinste Veränderungen von grundlegenden Eigenschaften wie Temperatur, chemischer Zusammensetzung, Dichte oder Wassergehalt führen zu veränderten Netzwerkwirkungen. Vieles ist nicht gleich offensichtlich. Manches gleicht sich sogar aus. Wenn allerdings die Veränderungen eine kritische Grenze erreichen, dann kann ein System einen völlig neuen Gesamtzustand erreichen, es kippt. Solche kritischen Prozesse sind charakteristisch für komplexe Systeme wie das der Erde.

HERRMANN: Solche Kipppunkte gibt es auch im sozialen Bereich. Kleine Veränderungen können ab einem bestimmten Punkt große Folgen haben. So können 3,5 Prozent einer Gruppe, etwa der Bevölkerung eines Landes, ein System grundlegend verändern, auch zum Positiven. Für KLUG ist das ein wesentlicher Ansporn, Menschen zu vermitteln, dass jeder und jede zählt und eine Wirkung erzielen kann, auch wenn er/sie aus einer Minderheitenposition heraus agiert!

Hintergrundwissen:
Die zerstörerische Anthroposphäre

Die Sphäre der irdischen Natur besteht aus Untersystemen, die hierarchisch ineinander verschachtelt sind und durch Energie- und Materieströme, materielle und chemische Verwandlungen sowie Energiespeicher gekennzeichnet sind. Je nach geografischen und physikalischen Randbedingungen liefern die grundlegenden physikalischen Grundgesetze ganz unterschiedliche Ergebnisse. Am einfachsten ist das beim Wasser zu erkennen: Es bestimmt die Dynamik der Kryosphäre, des Reiches des gefrorenen Wassers, genauso wie das Reich der Hydrosphäre, des flüssigen Wassers in Ozeanen, Seen und fließenden Gewässern. Der jeweilige Wassergehalt bestimmt aber auch die Fruchtbarkeit der Biosphäre, des Reichs des Lebens, und sogar das Reich der Lithosphäre, der oberen Erdkruste, und der dortigen tektonischen Bewegungsmuster der Kontinente beziehungsweise ihrer Platten. So, wie die Feuchte der Luft, also der Wassergehalt der Troposphäre, auch die Dynamik der Atmosphäre, ihrer Wolkenbildung und Niederschläge beeinflusst. Es handelt sich immer um Wasser, aber je nach Kontext wirkt es antreibend oder bremsend. Seine Verwandlungsfähigkeit, von einem Zustand in einen anderen zu wechseln, von gasförmig zu flüssig oder von flüssig zu fest und umgekehrt, macht das alles möglich.

Am Wasserkreislauf lässt sich exemplarisch der komplexe Charakter des Erdsystems darstellen. Hierzu gehören auch die unterschiedlichen Reaktionszeiten. Meeresströmungen wechseln ihre Intensität und Richtung normalerweise auf Zeitskalen von hundert bis tausend Jahren. Ändert sich aber beispielsweise über längere Zeit der Salzgehalt des ozeanischen Wassers, zum Beispiel durch abschmelzende Süßwassergletscher auf dem Festland, dann können Meeresströmungen wie der Golfstrom innerhalb von wenigen Jahrzehnten einen neuen Verlauf nehmen. Bohrkerne zeigen solche dramatischen Veränderungen in eindeutiger Weise.

Mit anderen Worten: Die geschichtlichen Abläufe, die allmählichen Veränderungen von wichtigen Systemparametern können sich spontan und ohne Vorwarnung entladen. Eine winzige, letzte Veränderung gibt dann den Ausschlag. Sie wird zum »Flügelschlag eines Schmetterlings«, wie die Chaostheorie das nannte: ein nebensächliches Ereignis, das dem ganzen System eine irreversible Entwicklung gibt. Hier hat die Sphäre des Menschen, die Anthroposphäre, als schnellster und intensivster Veränderer eine überragende Bedeutung. Wir leben heute im Anthropozän, dem Erdzeitalter, das durch den Menschen geprägt ist.

Menschen (griechisch: anthropos) verändern die Natur, indem sie sie nutzen. Sie entnehmen den Böden Rohstoffe, sie nutzen Wasser zum Leben, für Landwirtschaft und industrielle Prozesse. Sie setzen große Energiemengen frei, da Maschinen zu Wärmequellen werden, weil nie die gesamte Energie genutzt werden kann. Sie produzieren Abfälle, die im Wasser, im Boden oder in der Luft landen. Angetrieben wird dieses menschliche Tätigkeitsnetz durch die globalisierte ökonomische Kultur der Wohlstandsvermehrung. Je mehr Menschen an dieser Ausbeutung des Planeten beteiligt sind, desto größer werden die nicht mehr zu reparierenden Schäden, welche die Anthroposphäre in der Natursphäre anrichtet.

Wissenschaft, das erfolgreichste geistige Projekt der Menschheit, spielt hier eine ganz besondere Rolle. Die Naturwissenschaften liefern die Grundlagen für jede technische Umsetzung. Als vernunftbegabtes Lebewesen leitet der

Mensch aus den grundlegenden Gesetzen der Natur Funktionsvermutungen ab. Insbesondere die Kenntnisse über den atomaren Aufbau der Materie haben es möglich gemacht, Stoffe zu schaffen, die es ohne uns Menschen im ganzen Universum nicht gäbe: Kunststoffe zum Beispiel, die auf natürliche Weise nie entstehen wurden. Ihre Eigenschaften entsprechen exakt denen, die wir von ihnen erwarten. Sie sind allerdings Fremdkörper in der Natur. Geraten solche Stoffe als Abfall in die Natur, dann gibt es eben keine natürlichen Abbau- und Zersetzungsmechanismen. Der positiven Wirkung der Nutzung steht die negative Wirkung der Naturschädigung gegenüber. Besonders deutlich wird dies auch bei der Nutzung der Bindungsenergie von Atomkernen. Die globale Nutzung der Kernenergie führt zwangsläufig zu großen Mengen hochradioaktiv strahlenden Materials, das über mehrere zehntausend Jahre noch seine todbringende Wirkung entfaltet. Der kurzfristigen Nutzung steht dann eine äußerst langfristige Lagerproblematik gegenüber. Aber auch die intensive Nutzung der Böden oder die massenhafte Haltung von Tieren zur Nahrungsproduktion hat solche Auswirkungen: Die Düngung der Landflächen, die Ernährung der Tiere wie auch die Entsorgung ihrer Abfälle können nicht mehr durch natürliche Zersetzungsprozesse so ausgeglichen werden, dass sich ein dynamisches Gleichgewicht einstellen kann.

In der globalisierten Ökonomie werden auch sehr seltene Rohstoffe massenhaft verwendet, weil sie in den digitalen Endgeräten Verwendung finden. Dort werden sie in äußerst kompakten elektrischen Stromkreisen derart speziell eingebaut, dass eine Rückführung durch Recycling fast völlig unmöglich ist.

Die Entwicklungen der Anthroposphäre, angetrieben durch Wissenschaft und Technik, haben enormen Einfluss auf die verschiedenen Anteile der Natursphäre. Die Technosphäre und das Reich der Arbeit, die Ergosphäre, stehen in engster Verbindung und in dynamischen Wechselwirkungen mit den Sphären der Natur. Dabei befinden sich die Rahmenbedingungen für erfolgreiches ökonomisches Handeln in deutlichem Gegensatz zum nachhaltigen Umgang mit natürlichen Systemen. Ökonomie und Ökologie sind in ihren Zielrichtungen diametral entgegengesetzt.

Der Mensch verändert die Natur so schnell, wie das noch kein Lebewesen vor ihm getan hat.

Die Erdwissenschaften können inzwischen nachweisen, wie negativ sich sowohl der Übergang von der Kultur der Jäger und Sammler zu Sesshaftigkeit und Landwirtschaft als auch die Industrialisierung und die globale Elektrifizierung sowie Digitalisierung in allen Bereichen der Natur ausgewirkt haben.

Gespräch 5:
Braucht die Erde eine Diät?

HERRMANN: Die Erde hat ein Gewichtsproblem: Unser Planet ist von einer Hülle menschengemachter Strukturen umgeben. Wie viel diese »Technosphäre« wiegt, haben Geologen ausgerechnet: 30 Billionen Tonnen. Gleichmäßig verteilt, kommen auf jeden Quadratmeter der Erdoberfläche 50 Kilogramm. Aus künstlichen Strukturen wie Häusern, Brücken, Straßen, eigens angelegten Inseln, die ohne Energie- und Rohstoffverbrauch niemals von selbst zustande gekommen wären.

Braucht die Erde eine Art Diät?

LESCH: Wir sind längst abhängig von dieser Technosphäre, denn es hängen praktisch alle existenziellen Notwendigkeiten von ihr ab: Nahrung, Wärme, Trinkwasserqualität, Energieversorgung, Mobilität und Kommunikation. Die Technosphäre ist zwar geologisch gesehen noch jung, aber ihre Entwicklung und Ausdehnung sind äußerst dynamisch. Deshalb hat sie einen tiefen Abdruck auf unserem Planeten hinterlassen. Selbst in der fernen Zukunft könnten viele der menschengemachten Strukturen noch überleben. Denn im Gegensatz zu vielen biologischen Relikten sind viele unserer Daseinsspuren kaum abbaubar.

Bereits vor einigen Jahren wurden Informationen dazu veröffentlicht, was von der Menschheit übrig bleiben könnte.

Demnach könnte es schon heute mehr als eine Milliarde verschiedener Arten von »Technofossilien« geben. Das ist mehr, als heute Arten auf der Erde leben. Und ja: Wenn die Menschheit überleben will, dann muss sie in gewisser Weise fasten. Sie muss die Technosphäre wieder in die natürlichen Kreisläufe einbinden, zum Beispiel durch Recycling von Materialien oder die Abbaubarkeit von Stoffen. Sie muss aber auch generell ihren Energieverbrauch einschränken und andere Quellen als fossile Brennstoffe nutzen – Wind, Wasser, Erdwärme.

HERRMANN: International hat der Run auf die letzten Rohstoffreserven der Erde eingesetzt, gleichzeitig hat zum Beispiel die EU mehrere Strategiepläne für »grüne« Wirtschaft und nachhaltige Technologien entwickelt. Das täuscht jedoch darüber hinweg, dass der Klimawandel nur dann gebremst werden kann, wenn wir tiefgreifende Veränderungen angehen. Das schließt natürlich den Verzicht auf zerstörerische Konsummuster ein. Sonst fällt der Planet einem Burnout zum Opfer.

LESCH: Damit dieses Auspowern nicht stattfindet, muss im Zentrum der Veränderung ein anderer Umgang mit Energie stehen. Die Fähigkeit, Arbeit zu leisten, nennt die Physik Energie. Je größer und intensiver, je weitreichender und langfristiger die Wirkungen des Menschen mit seinen Tätigkeiten und Strukturen werden, desto mehr Energie wird benötigt. Der ungeheure Energiehunger der Menschheit wurde bisher überwiegend aus fossilen Rohstoffen gedeckt – mit all den bekannten Schäden an Umwelt und Klima. Wir brauchen deshalb einen Wechsel hin zu Energieformen, die sich regelmäßig erneuern, also Wasser, Wind, Sonne und Biomasse. Vielleicht auch Gezeiten und Erdwärme. Aber auch diese Energieformen sind nur erneuerbar, nicht unendlich.

Oliver Schwarz, Physiker an der Universität Siegen, hat die astronomischen Grenzen im Leistungsumsatz der Menschheit berechnet. Er versteht darunter die absoluten energetischen Wachstumsgrenzen und das Limit, das nicht überschritten werden kann, ohne charakteristische Eigenschaften der Erde, wie ihr Strahlungsgleichgewicht oder ihre Eigenrotation, zu zerstören.

Demnach wird die Menschheit in knapp 800 Jahren diese absolute Grenze erreichen, wenn sie weiter wie bisher in jedem Jahr ihren Leistungsumsatz um vier Prozent erhöht. Nimmt man eine realistischere Einschätzung der Nutzung von Solarenergie auf der Erde an und berücksichtigt man die Leistung der Gezeiten, also den Verbrauch der Rotationsenergie der Erde, dann landet man bei rund 500 Jahren.

Dass exponentielles Wachstum jedwedes Limit durchbricht, ist eine mathematische Trivialität. Dass ein solches Wachstum schon in historisch kurzer Zeit jede astronomische Grenze des Planeten Erde sprengt, ist hingegen doch überraschend.

HERRMANN: Fest steht doch wohl, dass wir nicht einfach statt der jetzigen, fossilen Energien regenerative verwenden können, denn auch Solarenergie, Wind- und Wasserkraft oder Biomassen-Energie werden letztlich aus der Sonnenstrahlung gespeist. Regenerative Energieträger koppeln sich zwar in den natürlichen Energiefluss ein, aber es kann zu einer Umverteilung kommen, Energieströme können sich durch Bio- und Geosphären verändern. Wenn wir zu viel Sonnenstrahlung nutzen, bleibt für andere Lebewesen zu wenig übrig. Wir müssen also in jedem Fall Maß halten, auch Verzicht üben.

LESCH: Doch zunächst müssen wir konsequent, schnell und weltweit den Ausbau der erneuerbaren Energien vorantreiben, Mobilität und sämtliche industriellen Prozessketten und Verfahren vollständig dekarbonisieren. Wenn wir die globale Erwärmung nicht aufhalten, werden die Folgen katastrophal sein.

Hintergrundwissen:
Alarmierende Zukunftsszenarien

Der Weltklimarat (IPCC) hat 2021 auf der Basis bisheriger Entwicklungen mehrere Szenarien für die Zukunft vorgestellt:

- Eine Szenarien-Gruppe geht von einem rapiden Wirtschaftswachstum aus, das zu schnell steigenden Treibhausgasemissionen führt. Erst ab 2050 kommt es zur Absenkung der Emissionen durch Verwendung alternativer Energieformen. Der Kohlendioxidgehalt der Atmosphäre würde sich nach dieser Berechnung bis zum Jahr 2100 verdoppeln.
- Noch schlimmer wird es, wenn die regenerativen Energiequellen kaum zunehmen. Sollten Kohle, Öl und Gas die Hauptenergielieferanten bleiben, dann wird sich die Menge an Kohlendioxid bis 2100 vervierfachen.
- Etwas positiver verlaufen Szenarien, die eine starke Reduktion von Emissionen durch schnellen Einsatz von Alternativtechnologien und Umstellungen im Lebenswandel der Menschen vorsehen. Zunächst würden sich die Emissionen bis 2040 verdoppeln, danach aber bis zur Klimaneutralität sinken.
- Bei einem »Business-as-usual«-Szenario mit einem verlangsamten Anstieg des Anteils alternativer Energien würde sich der Kohlendioxidgehalt der Atmosphäre bis 2100 verdoppeln oder sogar verdreifachen.

Allen IPCC-Prognosen gemeinsam ist ein Temperaturanstieg zwischen zwei und sechs Grad Celsius. Wenn die positiveren Szenarien eintreten, werden es wahrscheinlich nicht mehr als vier Grad Celsius sein. In jedem Fall werden massive Reaktionen aller natürlichen Kreisläufe erwartet, welche die Existenz sehr vieler Menschen gefährden.

Eine Studie zweier australischer Autoren beleuchtet die Dramatik der Lage noch stärker. David Spratt, Forschungsdirektor des Thinktanks »Breakthrough – National Centre for Climate Restoration«, und Ian Dunlop, ehemaliger Vorsitzender des australischen Kohle-Verbands, glauben, dass viele Forschungsdaten zur Klimakrise, mit denen die Politik arbeitet, zu konservativ, also eher abwiegelnd, sind. Die schwerer zu berechnenden Worst-Case-Szenarien müssten dringend mehr Beachtung finden. Spratt und Dunlop haben deshalb ein Szenario für das Jahr 2050 vorgelegt, das von den schlimmstmöglichen Entwicklungen ausgeht. Sie betonen, dies sei keine wissenschaftliche Vorhersage, aber die möglichen Folgen wären »so umfangreich und schrecklich, dass es wichtig ist, zu erwägen, was sie bedeuten würden, und zu verstehen, dass wir jeden möglichen Schritt tun müssen, um sie zu vermeiden«.

Spratt und Dunlop gehen davon aus, dass ein weiteres globales Ignorieren der Erkenntnisse und Empfehlungen des Pariser Klimaabkommens dazu führen würde, dass sich die Erde bereits bis 2030 um 1,6 Grad Celsius gegenüber dem vorindustriellen Zeitalter erwärmt. Erst ab 2030 würden die Emissionen beginnen zu sinken. Daraus und durch Rückkopplungseffekte würde eine Erwärmung von drei Grad Celsius resultieren und aufgrund noch immer hoher Emissionswerte weiter ansteigen.

Die Konsequenzen einer solchen dramatischen Entwicklung wären:

- Der Meeresspiegel läge 2050 bereits einen halben Meter höher und könnte bis 2100 um insgesamt zwei bis drei Meter ansteigen.

- Der Permafrost in weiten Teilen der Nordhalbkugel würde auftauen und durch seine Methanemissionen die globale Erwärmung weiter antreiben.
- 35 Prozent der Landmasse und 55 Prozent der globalen Bevölkerung wären über 20 Tage pro Jahr tödlicher Hitze »jenseits der Schwelle menschlicher Überlebensfähigkeit« ausgesetzt.
- Durch die Destabilisierung wichtiger Wind- und Meeresströmungen verändern sich Regen- und Trockenzeiten; Wetterextreme und sich ausbreitende Wüsten gäbe es praktisch in allen Regionen der Erde.
- In der Folge brächen wichtige Ökosysteme zusammen, darunter Korallenriffe, der Amazonas-Regenwald und Systeme der Arktis.
- Einige ärmere Gegenden der Erde, die keine künstlich gekühlten Lebensräume bereitstellen können, würden unbewohnbar.
- Tödliche Hitze beherrschte Westafrika, die tropischen Regionen in Südamerika, Nahost und Südostasien an über 100 Tagen im Jahr und trüge dazu bei, dass über eine Milliarde Menschen aus den tropischen Gebieten ihre Heimat verlassen müssten.
- Für etwa zwei Milliarden Menschen in den am stärksten betroffenen Gebieten würde das Trinkwasser knapp.
- Landwirtschaft zu betreiben würde in den trockenen Subtropen unmöglich.
- In den meisten Regionen der Erde würden weniger Lebensmittel produziert. Nahrungsmittel würden knapper und teurer.
- Die Unterläufe von für die Landwirtschaft wichtigen Flussdeltas wie Mekong, Ganges und Nil würden überflutet und einige der größten Städte der Welt – darunter Chennai, Mumbai, Jakarta, Guangzhou, Hongkong, Ho-

Chi-Minh-Stadt, Schanghai, Bangkok und Manila – teilweise aufgegeben.

- Einige kleine Inseln würden unbewohnbar.
- Zehn Prozent Bangladeschs stünden unter Wasser, was 15 Millionen Menschen heimatlos machte.

Gespräch 6:
Was machen wir jetzt? Die große Transformation

LESCH: Martin – du bist doch Veränderungsberater. Wenn man den Status quo des Planeten und seiner Gesundheit einmal so wahrnimmt, wie er ist, dann ist die Diagnose hart und unerbittlich. Aber wie soll es jetzt weitergehen? Wo fangen wir an? Offenbar sind wir beim Thema Klimawandel ziemlich gut informiert. Und wir wissen auch: Die Energiewende muss her. Aber wieso handeln wir eigentlich nicht? Wie kann uns unser Thema – die Verbindung von Klimawandel und Gesundheit – hier weiterbringen? Wie kommen wir von hier aus zur großen Transformation? Und was bedeutet das überhaupt?

HERRMANN: Den Begriff »Große Transformation« hat der österreichisch-ungarische Wirtschaftshistoriker Karl Polányi in den 40er Jahren des 20. Jahrhunderts geprägt. Für ihn war die industrielle Revolution eine große Transformation. Später hat man in den Sozial- und Geschichtswissenschaften den Übergang von den Jägern und Sammlern zu den Acker- und Städtebauern ebenfalls als große Transformation beschrieben. Und genau diese Wortwahl wurde vor rund 20 Jahren in den Diskussionen zum Klimawandel und zur Energiewende aufgegriffen.

Was steht uns eigentlich bevor? Wir stehen vor tiefgreifenden Veränderungen der Wirtschafts- und Lebensweise in allen Sektoren der Gesellschaft. Das ist mit der großen Transformation gemeint. Der Übergang zur Sesshaftigkeit und die Industrialisierung sind quasi »von selbst« passiert. Damals gab es jedenfalls keine strategischen Zehn-Jahres-Pläne. Erst in der historischen Rückschau hat man verstanden: Das waren die zwei größten Veränderungen der Menschheitsgeschichte. Die erste hat viele Jahrtausende gedauert und die zweite immerhin 150 bis 200 Jahre, während derer sich neue Technologien und ihre ökonomischen Folgen immer schneller über den Globus ausgebreitet haben. Aber jetzt muss es darum gehen, in dieser Klimakrise viel schneller, in nur wenigen Jahrzehnten, eine tiefgreifende Veränderung umzusetzen. Daher müssen wir uns fragen: Wie können wir diese Transformation gemeinsam gestalten?

LESCH: Also in Jahrzehnten eine Jahrhundertaufgabe erledigen?

HERRMANN: So ungefähr – oder sogar eine Jahrtausendaufgabe. Manche Prozesse, die wir losgetreten haben, brauchten viele Jahrhunderte. Doch jetzt haben wir eine Situation, die eine Art Notwende in den nächsten zehn, fünfzehn Jahren erfordert. Viele Menschen haben noch nicht verstanden, welche Risiken darin liegen, dass sich Prozesse beschleunigen. Und zwar nicht langsam, sondern nichtlinear. Sie verstehen einfach nicht, dass das exponentielle Wachstum in natürlichen Systemen genau dann passiert, wenn man nichts tut, es einfach laufen lässt. Da haben viele im Sommer 2021 gedacht: Das Coronavirus ist erledigt. Aber von wegen!

LESCH: Es gab Mahnende, die immer wieder gewarnt haben: Achtung, das Virus bleibt da und es wird sich, wann immer es die Gelegenheit hat, exponentiell ausbreiten. Aber zurück zur Klimakrise: Jetzt geht es um eine gewollte Transformation, also einen geplanten und hoffentlich gut organisierten Übergang. Der läuft nicht von allein ab, sondern wir müssen versuchen, ihn zu initiieren und zu steuern.

Könnten wir jetzt nicht einfach sagen: Wir wissen, dass es passieren muss. Wenn es gut werden soll, wenn die Zukunft gut werden soll, muss diese große Transformation jetzt geschehen. Und wir haben eine ganze Reihe von Möglichkeiten, wie wir sie durchführen können – Klimaschutz, Energiewende, Landwirtschaft und so weiter. Wir müssen die Industrie von den fossilen Ressourcen Kohle und Öl lösen – das Fachwort heißt dekarbonisieren. Das klingt doch alles nach einem Plan.

Welche Rolle kann da jetzt der Gesundheitssektor spielen? Kann er uns dabei helfen, unsere offensichtliche Lähmung zu überwinden?

HERRMANN: Ich bin sicher, wir können als Vertreter:innen der Gesundheitsberufe eine starke Rolle spielen, weil wir die Menschen ganz anders erreichen, nämlich so, dass sie die kritische Lage auf neue Weise wahrnehmen, dass ihnen klar wird, dass sie selbst schon betroffen sind oder zumindest Menschen in ihrem Umfeld. Und wenn wir dann noch vermitteln können, dass wir viele Handlungsoptionen haben, die unmittelbar positiv auf uns zurückwirken, dann zeigt das neue Wege im Klimaschutz auf. Wenn wir zum Beispiel den Verkehr umstellen und uns wieder mehr aktiv bewegen, mehr zu Fuß gehen, durch fußgängerfreundliche Städte, mehr mit dem Fahrrad fahren, durch saubere Luft – dann hat das enorme Vorteile für Klima und Gesundheit. Das hat die *Lancet*-Countdown-Kommission auch betont: Dass die Klimakrise zwar die derzeit größte Gefährdung unserer Gesundheit ist, aber Klimaschutz gleichzeitig auch die größte Gesundheitschance!

Nehmen wir die »Planetary Health Diet«, eine gesunde, nachhaltige Ernährungsweise, die unter anderem von der Universität Harvard propagiert wird, als Säule der planetaren Gesundheit. Das Prinzip ist ganz einfach: Wir müssen nur zu dem zurückkommen, was früher üblich war: nicht jeden Tag Fleisch zu essen. Es tut uns und dem Planeten gut, wenn wir mehr Gemüse essen, öfters selber kochen und weniger ultraprozessierte Nahrung zu uns nehmen. Das ist nämlich einer der größten Verursacher von Krankheit: schlechte Ernährung und Überernährung.

LESCH: Auf Fleisch weitgehend zu verzichten ist die größtmögliche individuelle Maßnahme, mit der wir gegen die Erderwärmung vorgehen können – denn für die Viehhaltung werden Wälder gerodet, landwirtschaftliche Flächen für Intensivfutter vergeudet und Antibiotika in Umlauf gebracht, die letztlich die Umwelt schädigen und beim Menschen zu lebensbedrohlichen Resistenzen führen.

HERRMANN: Es werden immer mehr Menschen zu Vegetariern oder Flexitariern, die selten Fleisch essen. Und auch einige Krankenhäuser beginnen, den gesundheitlichen Wert von Ernährung wahrzunehmen. Dort nämlich zählt das Essen bis jetzt nicht zur Therapie.

LESCH: Eigentlich haben wir doch eine Win-win-Situation: Wenn wir unseren Lebensstil so verändern, dass wir gesünder leben, hilft das auch dem Planeten. Nur Vorteile! Müsste das nicht überzeugen?

HERRMANN: Ich denke, es ist eine Art Labor für uns alle. Wir haben ja in der Pandemie gesehen, wie wenig resilient unsere Gesundheit ist – Übergewichtige zum Beispiel hatten ein besonders hohes Risiko, auf der Intensivstation zu landen. Auch hat uns Covid-19 gezeigt, wie sehr wir alle voneinander abhängen – wenn es darum geht, uns gegenseitig zu schützen, aber auch die Wirtschaft durch verantwortliches Handeln am Laufen zu halten. Gleichzeitig hat die Impfdiskussion viele Gräben aufgerissen. Das hat gezeigt, wie schwer wir uns noch tun, aufeinander zuzugehen, einander zuzuhören. Bei der Klimafrage ist das Entscheidende: Was wir jetzt tun, hat Auswirkungen nicht nur auf uns, sondern auf die kommenden Generationen. Es ist ein riesiges Lernfeld für uns alle, Gemeinschaft neu zu verstehen und aus der derzeitigen Überindividualisierung unserer Gesellschaft wieder herauszukommen. Wir haben viel zu gewinnen und müssen viele Vorgänge ändern, die schon länger nicht optimal funktionieren.

LESCH: Momentan hat man ja den Eindruck, dass unser Umgang miteinander in der Corona-Pandemie ein eher ausschließender ist: Da gibt es die Geimpften und die Ungeimpften. Die Reaktionen werden immer drastischer und aggressiver: brennende Autos, Hasstiraden im Netz. Da prallen Welten aufeinander. Ich finde es ganz wichtig, was du gerade gesagt hast: Dass wir endlich mal lernen müssen, mit einer Bedrohung umzugehen, die uns nicht nur zwei, drei oder vier Jahre beschäftigen wird. Und für deren Bewältigung wir auch Opfer bringen müssen.

Wir wissen zwar, wo es hingehen soll, aber der Ausgang ist offen. Da steckt enormes soziales und gesellschaftliches Konfliktpotenzial drin, das sich in unterschiedlichsten Widerständen ausdrücken wird. Inklusive eines großen Aggressionspotenzials in Tat und Wort. Das alles kann auf die breite Öffentlichkeit lähmend wirken. Wie kommuniziert man dann? Was sind die richtigen Bilder und Metaphern, welche Vergleiche greifen? Mit welchen Themen erreichen wir die Mehrheit der Gesellschaft, um sie zu überzeugen und für die große Transformation bereit zu machen? Deshalb – aufgrund seiner starken Bedeutung für jeden Einzelnen – kommt dem Thema Gesundheit eine überragende Rolle zu.

HERRMANN: Es wird viele geben, die erst mal am Status quo festhalten wollen. Da hilft nur eine ehrliche, wohlwollende Kommunikation. Wir müssen die Fakten auf den Tisch legen und die Wahrheit sagen. Ich komme noch mal auf den medizinischen Notfall zurück: Wenn du eine schwere Diagnose hast, das wissen wir in der Medizin, dann wirst du auch Maßnahmen ergreifen beziehungsweise als Patient:in mittragen, die sonst wegen erheblicher Nebenwirkungen vermieden würden. Zum Beispiel eine Chemotherapie gegen Krebs. Wir können in der Situation, in der wir uns befinden, nicht nur die Maßnahmen durchführen, die keinem wehtun. Da steckt die Politik in großen Teilen noch fest. Politiker:innen verhalten sich eher wie der typische Arzt vor 50 Jahren bei Aufklärungsgesprächen. Die Wahrheit, dachte man damals, sei den Patient:innen nicht zumutbar, deswegen argumentierte man aufmunternd und betonte, dass der Arzt im Prinzip alles im Griff hätte und alles gut werde.

Wir brauchen aber eine schonungslose Kommunikation: Wir müssen schneller aus der Kohleverstromung raus, weg vom Verbrennungsmotor, wir brauchen Preise, die auch die externalisierten Kosten berücksichtigen, etwa in der Landwirtschaft. Es wird neue Gesetze geben, die einigen Lobbys nicht gefallen werden. Firmen werden zum Beispiel ihre Geschäftsmodelle verlieren, wenn sie sich nicht nachhaltig umstellen. Auch in der medizinischen Landschaft werden wir Abläufe verändern müssen, zum Beispiel unsere Überversorgung beseitigen, die nicht nur teuer ist, sondern auch Leben kostet. Einige Beteiligte werden dann wirtschaftlich schlechter dastehen. Es gibt viele Dinge, von denen wir wissen oder ahnen, dass sie jetzt schon nicht in Ordnung sind. Da müssen wir ran, und wir werden nicht nur Applaus dafür erhalten.

LESCH: Worüber wir hier reden, hängt mit der Ökonomisierung vieler Lebensbereiche zusammen, auch der Gesundheitsversorgung. Wenn durch unsere Notfallmaßnahmen das Gewinnstreben in vielen Bereichen nachhaltig gestört wird, dann wird es die üblichen Beschwichtiger:innen geben, die sagen: Das können wir uns jetzt nicht leisten, die Arbeitsplätze, der Export, die Wirtschaft… Aber trotzdem muss es getan werden.

HERRMANN: Die Wirtschaft wird aber, auch durch die Digitalisierung, immer abhängiger von ihren Kund:innen. Wir brauchen also Menschen, die vorangehen, anstatt auf andere, etwa Politiker:innen, zu warten. Wir können nicht erwarten, dass der Energie-, der Agrar- oder der Verkehrssektor sich verändern – und wir sehen währenddessen zu. Das würde nichts bringen. Nein, es müssen alle Sektoren und alle Bürger:innen mitmachen.

LESCH: Ja, genau. Aber wie überzeugt man Menschen davon, dass sie etwas Wichtiges beizutragen haben?

HERRMANN: Zum einen ist da die große Lähmung: Viele können sich gar nicht vorstellen, dass tiefgreifende Veränderungen überhaupt gelingen könnten. Dass unsere bestehende Wirtschaftsweise sich in eine andere Wirtschaftsweise verwandeln kann. Da fehlt vielen die Fantasie, dass man vieles auch ganz anders machen könnte. Zum anderen ist den wenigsten Menschen bewusst, dass sie tatsächlich das Talent haben, Neues zu entwickeln und zu gestalten. Einzeln und miteinander. Beide Probleme trifft man oft auch in der Politik und an der Spitze von Unternehmen. Diese Menschen sind zwar gut in der Wiederholung des immer Gleichen, aber wenn du denen sagst: Fußball ist jetzt vorbei, ab jetzt wird Basketball gespielt, ein ganz anderes Spiel, dann wehren die ab und wollen nicht mitspielen. Die sagen dann: »Da kenne ich mich nicht mehr aus, da fühle ich mich unbeholfen.«

Das, was vor uns liegt, das können wir aus den bestehenden Hierarchien nicht umsetzen. Das sehen wir daran, dass jetzt Schüler:innen und Studierende die Führung übernommen haben. In der offiziellen Klimadebatte hatte keiner *Fridays for Future* auf dem Plan. Jetzt haben aber diese jungen Leute auf einmal das Ohr der Mächtigen. Und genau solche Arten von »Disruptionen« unserer Vorstellung, wer mit wem was und wann zu gestalten hat, die müssen wir erlauben, uns darauf einlassen und sie fördern.

Hintergrundwissen:
Soziale Kipppunkte

Die Sozialwissenschaften beschäftigten sich überwiegend mit langsam verlaufenden Veränderungsprozessen. So gehen die meisten statistischen Modelle zur Analyse sozioökonomischer Daten davon aus, dass Änderungen schrittweise und linear erfolgen. Die aktuellen Entwicklungen haben gezeigt, dass diese lineare Betrachtung zu eng ist. Heute geht es angesichts der Covid-19-Pandemie und der anstehenden großen Veränderungen darum, sozioökonomische Phänomene gerade in ihren nicht linearen Dynamiken zu untersuchen und Modelle zu entwickeln, die Komplexität ernst nehmen. Ein Ansatz dazu ist das Konzept der sozialen Kipppunkte – der »Social Tipping Points«. Es beschreibt virale Prozesse der raschen Verbreitung neuer Technologien, aber auch von Verhaltensweisen und sozialen Normen, die einen strukturellen Umbau unserer globalen Gesellschaft anstoßen können. Plötzliche gesellschaftliche Veränderungsprozesse finden demnach nicht als linearer Vorgang statt, sondern nichtlinear – mit Hilfe von sozialen Kippelementen: Die Nichtlinearität der globalen Erwärmung erfordert eben auch die Nichtlinearität in den Reaktionen und Aktionen sozialer Systeme.

Soziale Kipppunkte zeichnen sich dadurch aus, dass innerhalb einer sehr kurzen Zeitspanne und ohne einen schwerwiegenden oder vorher erkennbaren Auslöser grundlegende gesellschaftliche Veränderungen stattfinden. Angestoßen werden diese Kipppunkte von einer kleinen, aber engagierten Minderheit, der es gelingt, die Einstellung einer Mehrheit zu verändern und damit weitreichende Bewegungen in allen gesellschaftlichen Bereichen anzustoßen. Sobald eine kritische Masse überzeugt ist, braucht es nur noch einen kleinen, unscheinbaren Auslöser, um eine gewaltige Dynamik in Gang zu setzen, die dann alle Gesellschaftsbereiche beeinflussen kann. Dann genügt es plötzlich, wenn eine Schülerin in Schweden die Schule schwänzt, um vor dem Parlament für mehr Klimaschutz zu protestieren – und damit nicht nur die Politik weltweit in Bedrängnis bringt, sondern auch Großunternehmen zum Umsteuern bewegt.

Die globale, von der Jugend vorangetriebene Protestkultur und der sich daraus ergebende Druck bilden eine fruchtbare Grundlage für weitere soziale Kippelemente, die wiederum andere gesellschaftliche Bereiche in Bewegung bringen könnten. Dabei haben die jeweiligen Elemente unterschiedlich lange Reaktionszeiten bis zu einem Kippmoment: Die charakteristischen Zeitskalen der Finanzmärkte reichen von Tagen bis zu wenigen Stunden. Grundsätzliche Einstellungen zu Werten und Normen oder religiös begründete Haltungen hingegen verändern sich in viel längeren Zeiträumen. Bis sich dort ein nennenswerter Wandel vollzieht, braucht es mindestens eine Generation, also etwa 30 Jahre. Aus dieser Perspektive erklärt sich, weshalb die ersten größeren Umweltbewegungen der 70er und 80er Jahre des 20. Jahrhunderts nur wenige wirklich nachhaltige Errungenschaften verbuchen konnten. Die heutigen Jugendbewegungen hingegen können deshalb einen enormen Einfluss auf Wirtschaft und Politik ausüben, weil ihre Forderungen auf den fruchtbaren Boden fallen, den die vorangegangenen Generationen mühevoll beackert und damit fruchtbar gemacht haben.

Konkret haben Ilona Otto, Professorin für Gesellschaftliche Auswirkungen des Klimawandels am Wegener Center für Klima und Globalen Wandel an der Universität Graz, und ihre Mitarbeiter:innen die Bedingungen untersucht, unter denen solche sozialen Kipppunkte den Klimawandel beeinflussen könnten. Ausgangspunkt ihrer Überlegungen ist dabei das von der Klimaforschung formulierte Postulat, dass umfangreiche und abrupte Veränderungen nötig sind, um die notwendigen klimapolitischen Ziele zu erreichen. Die Begrenzung der globalen Erwärmung auf 1,5 Grad Celsius gemäß dem Pariser Klimaabkommen setzt voraus, dass die weltweiten Energie- und Verkehrssysteme, die industrielle Fertigung und die Landnutzung bis Mitte dieses Jahrhunderts kein CO_2 mehr in die Atmosphäre abgeben. Die Kohlenstoffemissionen, die noch immer zunehmen oder gerade erst dabei sind, ein Plateau zu erreichen, müssten um mindestens sieben Prozent pro Jahr sinken. Bei den anderen Ökosystemen sind die anstehenden Änderungen ähnlich einschneidend. Das zeigt die Notwendigkeit, nichtlineare soziale Dynamiken besser zu verstehen. Das Konzept der sozialen Kipppunkte ist ein Ansatz in diese Richtung.

130 internationale Expert:innen machten mehr als 200 verschiedene Vorschläge für mögliche soziale Kipppunkte. Das Studienteam von Ilona Otto hat darin sechs Themen identifiziert:

- Energieerzeugung und Energiespeicherung
- Siedlungsgebiete
- Finanzmärkte
- Normen und Wertesysteme
- Bildungssysteme
- Informationsfeedback

Daraus folgend wurde eine Liste für sechs Interventionsmaßnahmen erstellt, deren Kipp-Potenzial offensichtlich ist und die geeignet scheinen, zu einem raschen Rückgang der globalen Kohlenstoffemissionen beizutragen:

- Abschaffung der Subventionen für fossile Brennstoffe und Förderung der dezentralen Energieerzeugung

- Schaffung klimaneutraler Städte
- Divestment aus Vermögenswerten, die auf fossilen Brennstoffen beruhen
- Aufzeigen der moralischen Implikationen fossiler Brennstoffe
- Mehr Aufklärung und Engagement bezüglich des Klimas
- Offenlegung aller Treibhausgasemissionen

Dies sind keine »Silver Bullets«. Es ist eine erste Auswahl von Konzepten, Perspektiven und Dimensionen, die bei der Entwicklung und Umsetzung schneller sozioökonomischer Transformationspfade vielleicht als Katalysator wirken könnten. Ihr Verständnis könnte entscheidend sein für strategisches Handeln in Zeiten, in denen ein tiefgreifender Wandel in und zwischen allen Regionen und Sektoren eingeleitet werden muss. Auch wirken diese sozialen Kipppunkte auf unterschiedlichen Zeitskalen. Einige Entwicklungen wie Kursänderungen an den Börsen könnten sehr schnell eintreten, während institutionelle Veränderungen mehr Zeit erfordern.

Wieso sollte gerade jetzt einer dieser Punkte kippen? Gesellschaften durchlaufen immer wieder Phasen mit stabilisierenden und destabilisierenden Einflüssen. Im Normalfall überwiegen die stabilisierenden Effekte einer Gemeinschaft. Das liegt daran, dass plötzliche gesellschaftliche Veränderungen häufig mit Unruhen und Gewalt einhergehen und daher als Disruption erlebt werden, also als zerstörerisch. Deshalb werden sie lieber vermieden. Aus diesem Grund braucht es zumeist lange, um Verhaltensveränderungen in einer Gruppe durchzusetzen. Allerdings erfahren Menschen heute bereits auf verschiedenen Ebenen eher instabile Entwicklungen. Immer wieder kommt es zu Krisen und risikobehafteten Veränderungen. Viele Menschen ahnen, dass die bisher so stabil scheinende Welt kurz davorsteht, sich so weit zu destabilisieren, dass eine zivilisierte und friedliche Wertegemeinschaft gefährdet zu sein scheint. Dieser durchaus von vielen als lebensbedrohlich empfundene Kontext schafft günstige Rahmenbedingungen für einen sozialen Kipppunkt.

Generell gilt, dass soziale Kipppunkte funktionieren, weil sie die Macht der Überzeugungen ausspielen. Denn Überzeugungen wirken ansteckend – und tendieren deshalb auch dazu, sich zu erfüllen. Je mehr Menschen überzeugt sind, desto intensiver wird an der Umsetzung mitgewirkt.

Für das Gelingen der Klimawende verfügt die Gesellschaft bereits über das notwendige Wissen, die geeigneten Technologien und die erforderlichen wirtschaftlichen Tools. Um nun den sozialen Kipppunkt auszulösen, ist vor allem eines nötig: die Überzeugung, dass eine bessere, fairere Welt mit höherer Lebensqualität möglich ist.

Jedes der oben genannten sozialen Kippelemente existiert bereits in der realen Welt in unterschiedlicher Verteilung, an unterschiedlichen Orten und in unterschiedlichem Ausmaß. Jedes dieser Elemente hat das Potenzial, die Reduktion der globalen Kohlenstoffemissionen deutlich zu beschleunigen. Es ist aber nicht möglich vorherzusagen, wann und wo Kipppunkte erreicht werden. Systeme können jedoch durch intentionales Handeln von Akteuren und ihren Netzwerken dahingehend beeinflusst werden. Das Wissen und reale Erfahrungen mit sozialen Kipppunkten können selbst zu einem weiteren sozialen Kipppunkt werden.

Besonders interessant ist die Fähigkeit von Menschen, einzeln und in Gruppen potenzielle soziale Kipppunkte aufzuspüren und durch gemeinsames strategisches Handeln anzustoßen. Wenige Akteur:innen und Akteur:innengruppen haben bislang das Potenzial der sozialen Kipppunkte berücksichtigt, wenn überhaupt, hat es sich bisher als akademisches

Konzept ohne Verankerung in den Handlungsrepertoires von Schlüsselorganisationen und Netzwerken verbreitet.

Für die in den letzten Jahren dynamische Entwicklung der Akteur:innen-Netze für planetare Gesundheit im deutschsprachigen Raum ist das Konzept wichtig. Es hilft bei der Entwicklung, Umsetzung und Bewertung von Transformationsprojekten. Entscheidend dabei ist auch für die beteiligten »Change Agents« im Gesundheitssektor die Erkenntnis, dass sie Kipppunkte anstoßen können. Eine solche soziale Kippdynamik kann beispielsweise durch die Diagnose des globalen Gesundheitsnotstands ausgelöst werden. Dadurch wird entschlossenes Handeln zu einer Notwendigkeit, Zaudern zum Kunstfehler. Dieses Narrativ erreicht Menschen und Entscheidungsträger:innen und kann damit zum Gamechanger werden.

Doch der strategische Zugang zur großen Transformation ist nicht das Privileg von Vertreter:innen der Gesundheitsberufe. Jeder Sektor, jede Gruppe, jeder Mensch kann entdecken, wo, wann und mit wem etwas angestoßen werden kann. Jeder Mensch ist begabt, kreativ zu handeln und Unerwartetes zu erreichen.[1]

---

1 Dieser Abschnitt beruht auf »Soziale Kipppunkte – Ein neues Prinzip zum Verständnis transformativen Wandels« von Ilona M. Otto und Martin Herrmann in: *Planetary Health – Klima, Umwelt und Gesundheit im Anthropozän* von Claudia Traidl-Hoffmann, Christian M. Schulz, Martin Herrmann und Babette Simon (Hrsg.) von 2021. Der erste Artikel zum Thema erschien 2020: Ilona M. Otto et al.: »Social tipping dynamics for stabilizing Earth's climate by 2050«, https://www.pnas.org/content/117/5/2354.

Gespräch 7:
Neue Regeln – neues Spiel

LESCH: Martin, du hast es vorhin gesagt: Jetzt spielen wir statt Fußball Basketball. Ganz neues Regelwerk. Immerhin ist noch ein Ball im Spiel, aber der wird jetzt nicht mehr mit den Füßen gespielt, sondern mit den Händen. Es gibt auch eine ganz neue Mannschaftsaufteilung, es wird viel schneller pariert, es werden viel mehr Punkte gemacht. Aber erklären wir das mal dem Deutschen Bundestag oder dem österreichischen Parlament und seinen Ausschüssen: Die Lage hat sich so sehr verändert, dass wir ein ganz neues Spiel brauchen – eine umfassende Transformation in Politik, Wirtschaft und Gesellschaft. Das würde die stark verunsichern, weil es völlig neue Eigenschaften von den politischen Akteur:innen verlangte.

HERRMANN: Ja, sicher, ich will noch eine weitere Variante anbringen. Stell dir vor: Ich nehme die fünf oder sechs besten Basketballmannschaften und die sechs besten Fußballmannschaften. Ich mische die Spieler durch und mache neue Mannschaften und sage jetzt: In der nächsten Saison wird immer ein Wochenende Basketball und dann das nächste Wochenende Fußball gespielt und am Ende wird dann der Meister bestimmt. Das heißt: Die Basketballer müssen auch noch Fußball trainieren und umgekehrt. Natürlich ist das erst mal von den Bewegungen her schwer vorstellbar. Das braucht einen richtig großen Sprung aus der eigenen Gewohnheit heraus, um als ehemaliger Fußballer die ersten Körbe zu werfen. Na ja, die Ausbeute wird anfangs katastrophal sein. Genauso wäre es, wenn ein Basketballer die erste Ecke treten oder ein Tor schießen soll, da sähe es auch schlecht aus.

Das heißt: Wir müssen uns darauf vorbereiten, dass das Spiel, das wir vor uns haben, etwas ganz anderes ist als das, was uns vertraut ist. Manche unserer Vorzüge können wir noch ganz gut gebrauchen: Fitness, Erfahrung im Spielaufbau vielleicht. Aber ansonsten braucht es eine neue Dynamik, andere Taktiken, veränderte Bewegungsmuster. Anfangs können wir noch nicht abschätzen, ob sie funktionieren werden. Für diese Art von Unsicherheit brauchen wir eine Menge Menschen, die offen und beweglich genug sind für das neue Spiel. Wo müssen wir eine Pause machen, um uns neu abzustimmen? Wann müssen wir beschleunigen? Wann verlangsamen? Wo müssen wir auf Leute zugehen, von denen wir nie gedacht haben, dass wir mit ihnen kooperieren müssten? Wann müssen wir zurücktreten, damit andere sich bewegen können? Unser Buch heißt »Der Sprung über den Abgrund«, und in dem Sprung steckt auch eine Einladung zum Spielen, zum Ausprobieren, zur Variabilität und zum Mitmachen in einer neuen Dynamik.

LESCH: Das sind ja alles keine Fragen, die man praktisch »on the fly« beantworten kann. Da müssen Daten zusammengebracht werden, da müssen Meinungen eingeholt werden. Wie siehst du das? Die verschiedenen Perspektiven müssen zu einem riesigen Panoptikum zusammengebaut werden, damit man einen gesellschaftlichen Kristall bekommt. Je nachdem, wie man ihn dreht, sieht man bei einer so großen, komplexen Angelegenheit wie dieser Transformation ganz unterschiedliche Facetten. Wichtig ist natürlich die Kultur, mit vermutlich unvermeidlichen Fehlern konstruktiv umzugehen.

HERRMANN: Es braucht eine neue Fehlerkultur und die Bereitschaft, Ideen mutig auszuprobieren und Irrtümer gegebenenfalls schnell wieder zu korrigieren. Das bedeutet, dass wir einander vertrauen müssen und nicht gleich wieder damit aufhören, wenn Pläne nicht funktionieren. Fehler identifizieren, analysieren, Schlüsse ziehen und dann anders weitermachen. Wir versuchen was Neues, lernen aus Irrungen und Wirrungen. Es braucht eine ganz andere Art von Wohlwollen in der Beziehung zum Fehler, aber auch eine andere Direktheit, weil eben alles auf dem Spiel steht. Deswegen müssen wir viel ausprobieren.

LESCH: Ein wunderbarer Begriff: Wohlwollen! Wo Wettbewerb an allererster Stelle steht, ist Wohlwollen ja eher ein Luxusgut. In weiten Teilen der Ökonomie ist Wohlwollen kein Begriff, den wir verwenden. Aber genau jetzt spielt diese Großzügigkeit in der Fehlerkultur eine große Rolle.

HERRMANN: Ja! Das, was wir vielleicht neu lernen müssen, ist, dass es zwar Bereiche gibt, in denen wir Wettbewerb brauchen, bei Ideen und Innovationen, aber dass das Bestimmende im Zusammenleben, in einer Kommune oder in einer Organisation, nicht der Wettbewerb ist, sondern die Kooperation. Das Miteinander und nicht das Gegeneinander. Ein wechselseitiges Wohlwollen bedeutet nicht, dass wir uns nicht auch hart auseinandersetzen. Aber es bedeutet immer wieder, dass wir eben auch verstehen oder anerkennen müssen, dass wir ja voneinander abhängig sind.

Das ist, glaube ich, eines der großen Lernthemen: Von dieser Selbstüberschätzung runterzukommen, anzuerkennen, dass wir abhängig sind vom Wohlergehen des Planeten, der Pflanzen, der Tiere, der anderen Menschen. Wir leben alle in Ökosystemen. Was sind die Bedürfnisse der anderen Mitspieler:innen?

LESCH: Was du da beschreibst, ist ja eigentlich die Dynamik einer jungen Gesellschaft. Kreativ, variabel, improvisierend, mal etwas Neues ausprobierend und so weiter. Das sind ja Eigenschaften, die man eher nicht mit einer gesetzten, gesättigten, durchökonomisierten, spätkapitalistisch globalisierten Industrie- und Dienstleistungsgesellschaft wie unserer verbindet. Das würde ja tatsächlich bedeuten, dass hier eine ganz andere Gesellschaft mit einem anderen »Spirit« verlangt wird.

HERRMANN: Wir müssen uns nicht völlig verwandeln, vieles können wir vielleicht wieder neu entdecken. Was ist es eigentlich, worum es einem Lehrer oder einer Lehrerin in der Schule geht? Was machen Handwerker:innen und wie? Worum geht's uns in der Medizin? Wieso wollte ich eigentlich mal Arzt oder Ärztin werden? Was ist der eigentliche Sinn dessen, was ich tue? Wenn das wieder stärker im Vordergrund steht, dann wird die Ökonomie nicht mehr allein bestimmend sein. Das bewegt heute schon internationale Unternehmen. Ich glaube, es geht um folgende Fragen: Wofür tragen wir Verantwortung? Und was brauchen wir voneinander, um gemeinsam an den großen Themen zu arbeiten? In der Medizin zum Beispiel braucht es ein neues Selbstverständnis auch im interprofessionellen Spiel. Das ist klar. Ein Problem, das wir im Pflegebereich haben und das den Pflegenotstand mitverursacht, ist, dass sich viele in der Pflege für ihre Leistung nach wie vor nicht anerkannt fühlen. Das heißt, es geht darum, neue Formen der gegenseitigen Anerkennung zu entwickeln. Es ist gleichzeitig auch eine Einladung, vieles loszulassen, was uns eigentlich zerstört. Wenn wir zu viel essen, dann ist das nicht gut. Wenn wir zu viel konsumieren und unsere Wünsche unendlich sind, dann macht uns das nicht glücklicher. Wir müssen uns stärker fokussieren auf das, worauf es eigentlich ankommt. Wenn man Menschen am Ende ihres Lebens fragt, was sie im Rückblick anders machen würden, ist das oft erhellend.

LESCH: Die häufigste Antwort ist sicher: Ich hätte mehr Zeit verbringen müssen mit Menschen, die mir etwas bedeuten. Meine Talente ausschöpfen. Und weniger arbeiten. Jeder Mensch hat Momente, in denen er sich fragt: Wofür bin ich eigentlich angetreten? Man merkt, man ist überadministriert, man kommt gar nicht mehr zu den eigentlichen Inhalten, derentwegen man den eigenen Job mal gewählt hat. Man muss immer mehr Zeit vor dem Rechner verbringen, um zu erklären, was man getan hat, anstatt es einfach zu tun, anstatt sich zum Beispiel um jemanden zu kümmern, der jetzt Hilfe braucht. Das sind Fragen, die nicht selten zu einer Midlife-Crisis führen. Was wäre denn, wenn wir tatsächlich als Gesellschaft ein gemeinsames Projekt hätten? Das wäre doch eine wunderbare Sache.

HERRMANN: Wenn wir die Klimakrise anpacken, führt uns das gleichzeitig zu anderen Fragen, die anstehen. Zum Beispiel zur Ungleichheit zwischen Arm und Reich, die jetzt auch in der Pandemie wieder stärker sichtbar wurde. Jeder Vortrag, den wir gemeinsam halten, auch dieses Buch, ist ja eine Einladung, mitzudenken, mitzuspüren, mitzuschauen: Kann ich dem folgen? Sehe ich das ähnlich? Gibt's da was, das auch mich erwischt? Das Projekt, das Spielfeld, ist ja schon da und lädt ein. Dem nachzugehen und dann irgendwann zu sagen: Okay, ich spiele mit! Ich finde einen Weg in meinem eigenen Feld, in dem ich was verändern kann, wo ich bereit bin, zu experimentieren, mit anderen zu lernen. Ich bin überzeugt: Wenn genügend Menschen sich gemeinsam auf den Weg machen, dann wird das was. Weil so viel auf dem Spiel steht und es so viel zu gewinnen gibt.

Gespräch 8:
Im Handeln verändern

LESCH: Bestimmt kennst du den wunderbaren Text von Heinrich von Kleist: »Über die allmähliche Verfertigung der Gedanken beim Reden«. Ähnlich ist es bei der großen Transformation – die Welt verändert sich durch unsere laufenden Handlungen. Derzeit hat man den Eindruck, dass es sehr viele Informationen gibt, sogar jede Menge kleinerer Initiativen, aber insgesamt, das merke ich auch bei Gesprächen mit Studierenden, herrscht eine große Lähmung, die Angst, vor einem Abgrund zu stehen, oder das Gefühl, vor einem riesenhaften Gebirge an Fragen und Problemen zu stehen. Wenn wir das Bild jetzt mal weiterspinnen: Wir sind im Basislager des Himalaya und wollen jetzt auf so einen 8000er hoch, wie machen wir das? Was ist die unbedingte Voraussetzung dafür, dass wir ins Handeln kommen?

HERRMANN: Im Change-Management sagt man: Es braucht einen Case for Action, einen Handlungsdruck, und den müssen viele Menschen verspüren. Und wir müssen zeigen, dass Menschen begabt sind zum Handeln. In dem Moment, wo wir verstehen, was auf dem Spiel steht, und in Berührung sind mit unserem Talent, mutig und kreativ zu handeln, ist es ganz natürlich zu fragen: Was kann ich beitragen? Wir könnten Teams formen, die uns vorher unmöglich erschienen.

Wenn wir diese Handlungsfähigkeit ernst nehmen, dann ist das ein riesiges Potenzial. Wie du vorher gesagt hast: Viele Menschen scheuen vor diesen großen Themen zurück, weil sie das Gefühl haben, sie könnten nicht wirklich was beitragen. Und das sind eben nicht nur junge Menschen, das sind auch solche, die in Entscheidungspositionen sitzen.

LESCH: Das klingt ja wie dieser Satz von Konfuzius: »Jede Reise beginnt mit dem ersten Schritt.« Und offenbar sehen wir das Ziel in so großer Entfernung, dass uns dieser eine Schritt schon schwerfällt.

HERRMANN: Da ist noch ein Punkt, der sehr wichtig ist: Anzufangen, ohne genau zu wissen, wie und wo man ankommt. Man hat vielleicht eine Ahnung, in welche Richtung man losmarschieren muss, und dann fängt man einfach an. Es zeigen sich die nächsten Schritte beim Gehen. Also, indem wir miteinander sprechen, indem wir uns kundig machen, indem wir handeln, machen wir Fortschritte und lernen. Nur so kann das bei einer großen Transformation funktionieren, die ja in dieser Form und in diesem Tempo noch nie stattgefunden hat. Die Expert:innen sind natürlich wichtig, die Wissenschaftler:innen, die politisch Verantwortlichen, aber sie können die Umsetzung nicht allein vorantreiben. Viele wollen natürlich auf Nummer sicher gehen. Doch Sicherheit gibt es in dieser Lage nicht. Viel eher braucht es viele Menschen auf den verschiedensten Ebenen, die sich zusammentun, in ihrem jeweiligen Umfeld die anstehende Transformation zur obersten Priorität erheben und dann Veränderungen durchführen.

LESCH: Es ist ja so: Dieser Notfall ist nicht nur etwas Besonderes, sondern er ist etwas besonders Besonderes, eine Katastrophe. Und das Anerkennen einer Notfallsituation ist ein neuer Versuch, ein Leitbild zu schaffen unter dem Stichwort »Klimawandel und Gesundheit«. Denn offenbar haben Begriffe wie »Krise« bis jetzt die so deutlich spürbare Lähmung nicht in Handlung verwandeln können.

HERRMANN: Der entscheidende Punkt ist, dass genügend Menschen wissen und anerkennen, dass der Notfall nicht irgendwo anders passiert, sondern sich hier vor unseren eigenen Augen abspielt. Auf unserer Erde, bei mir im Dorf. Und wenn wir nicht loslegen, wer dann? Die Klimaaktivistin Luisa Neubauer beschreibt es so: Als sie 2018 beim UN-Klimagipfel in Kattowitz war, hat sie, genauso wie Greta Thunberg, verstanden, dass die Klimaverhandlungen zwar wichtig sind, aber nicht die Dynamik für die große Transformation aufbauen können. Wenn wir das nicht alle zusammen in die Hand nehmen, dann wird das nichts. Wir müssen loslegen und die Führung übernehmen, genauso wie Luisa und Greta und viele andere bei *Fridays for Future* es gezeigt haben. Es liegt jetzt an uns allen, auf den verschiedensten Plätzen die Bälle aufzunehmen, um sie im eigenen Felde weiterzuspielen.

Und da kommen jetzt zwei wichtige Erkenntnisse dazu: Einmal wissen wir, dass alle großen Veränderungen immer in Nischen entstehen. Und wir wissen auch, dass große Veränderungen gelingen, wenn eine Minderheit von Menschen im Veränderungsfeld handelt. Die Politikwissenschaftlerin Erica Chenoweth von der Harvard University hat viele große, erfolgreiche Reformbewegungen in der Welt untersucht und festgestellt: Wenn sich nur 3,5 Prozent einer Bevölkerung auf den Weg machen, kann das ausreichen, die anstehenden Veränderungen umzusetzen und mit der Zeit die Mehrheit dafür zu gewinnen. Dabei geht es darum, wirklich aktiv zu werden: auf die Straße zu gehen, Leute im Gespräch zu überzeugen, Projekte und Aktionen zu initiieren, Vorträge zu halten. Durchaus auch zivilen Ungehorsam zu üben, am besten alle kreativen Handlungsmöglichkeiten gemeinsam auszuschöpfen. Diejenigen, die das tun, sind mutige Vorreiter:innen, die sich von Ablehnung nicht beirren lassen, sondern überzeugend ihre Projekte verfolgen und Impulse setzen.

Das ist allein schon eine sehr wichtige Erkenntnis, weil wir in unseren Vorträgen auf die Frage: »Wie viele Leute braucht es denn, damit es gelingen kann?«, zur Antwort bekommen: 30, 40, 50, 60 Prozent der Bevölkerung. Und eben das stimmt nicht. Es reicht schon eine Minderheit von Leuten, die sagen: Wir sind jetzt nicht nur Zuschauer, wir sind Mitspieler.

LESCH: Also gerade in diesen Notfallsituationen, von denen du gerade sprichst, offenbaren sich ja höchst interessante Eigenschaften von uns Menschen. In Rutger Bregmans Buch »Im Grunde gut« steht: »In Notfallsituationen kommt das Beste im Menschen zum Vorschein. Ich kenne keine andere soziologische Erkenntnis, die gleichermaßen sicher belegt ist und dennoch gänzlich ignoriert wird. Das Bild, das in den Medien gezeichnet wird, ist dem, was nach einer Katastrophe tatsächlich geschieht, diametral entgegengesetzt.« Viele glauben tatsächlich, dass wir in einer Notfallsituation nur an uns selbst denken. In diesem Weltbild gibt es kein gemeinsames Handeln, es gibt keine Lebensretter, die ihr Leben riskieren. Aber das ist völlig falsch.

HERRMANN: Genau, zum Glück es ist falsch. Aber die Berichte über Katastrophensituationen handeln oft nur von den Gaffer:innen und nicht von den Helfer:innen. Viel wichtiger ist doch, dass sich in Notsituationen Helferteams bilden, dass auf einmal jemand eine Rolle übernimmt, vielleicht sogar die Führung, was für ihn oder sie völlig neu ist, und wie da wirklich immer wieder fantastische Dinge geschehen.

LESCH: Man kann das Thema Klimawandel und Gesundheit finanziell, materiell und medizinisch abhandeln, aber worüber wir hier reden, hat ja eher was mit Sozialpsychologie zu tun. Also, Martin: Wie müsste sich eine Gruppe von Menschen verhalten, um tatsächlich in so einer Transformationssituation aktiv werden zu können. Und vor allem, um selbst zu einer Art von Kondensationskern zu werden, der andere um sich versammelt, und wie auf diese Weise allmählich aus der Bewegung Einzelner wirklich eine große gesellschaftliche Bewegung entsteht. Denn eines ist klar: Diese große Transformation behandelt ja nicht nur die industriellen Prozesse und die Art und Weise, wie wir mit Energie umgehen, sondern sie hat mit unserem Zeitverständnis zu tun. Auch Gesundheit ist ja mehr als die bloße Tatsache, dass die messbaren Vitalparameter in Ordnung sind, sondern jemand muss sich ja auch gesund fühlen, und das ist eben noch mal eine ganz andere Ebene. Eigentlich sprechen wir hier über die Innenperspektive von Gruppen: Was für eine Perspektive oder Haltung sie haben müssen, um tatsächlich so einen Sprung wagen zu können.

HERRMANN: Da braucht es eine andere Sensibilität für uns, ein anderes Menschenbild. Wir sind durch und durch soziale Wesen, auf Kooperation angelegt und von ihr abhängig. Kooperation hat aus meiner Sicht vier wesentliche Dimensionen, die man meist in ihrem Zusammenspiel nicht genügend ernst nimmt. Das Erste ist die existenzielle Dimension. Ist etwas für unsere Existenz relevant oder nicht? Ist es wesentlich oder unwesentlich? Das Zweite ist die intellektuelle Dimension. Da geht es um Vernunft, um Wissen und damit auch um die Anwendung von wissenschaftlichen Erkenntnissen. Wie kann man besser verstehen, worum es in einer bestimmten Situation geht, welche Expert:innen können uns den Weg weisen? Die dritte Dimension ist die emotionale: Wie berührt mich das? Wie berühre ich die anderen? Wie ist die Beziehung zwischen uns? Und die vierte Dimension ist die kreative: Erlauben wir uns, frech zu sein, zu spielen, zu experimentieren? Es braucht alle diese vier Dimensionen: Kreativität, Emotionalität, Vernunft und existenzielle Relevanz. Am vertrautesten für Erwachsene in offiziellen Räumen ist die Dimension der Vernunft, die springt aber eben zu kurz.

LESCH: Sind wir inzwischen an einem Punkt angelangt, an dem doch sehr viele Menschen verstanden haben, dass es sich um eine existenzielle Herausforderung handelt?

HERRMANN: Dieser Punkt ist bei sehr vielen Menschen erreicht. Aber die Verknüpfung mit der eigenen Handlungsfähigkeit wird zu selten hergestellt. Leider gibt es sehr viele Vorträge von Klimawissenschaftler:innen, die die Katastrophenszenarien sehr plastisch darstellen, sich aber zu wenig Raum nehmen, um diese Einsichten mit der Handlungsfähigkeit der Zuhörer:innen zusammenzubringen. Dann gehen viele aufgewühlt, aber auch resigniert nach Hause. Viele stellen auch infrage, ob wir uns diese Transformation ökonomisch leisten können. Die Diskussion über Kosten muss aber aufhören, denn jetzt geht es schlicht um das Überleben unserer Zivilisation. Dann werden alle nötigen Ressourcen verfügbar gemacht. Beispielsweise ging die Besteuerung in den USA nach der Weltwirtschaftskrise bis zu 90 Prozent bei den ganz Reichen hinauf. Das kann man sich heute nicht mehr vorstellen, aber das war damals nötig. Ist genug Geld auf der Welt, um das, was wir vor uns haben, zu machen? Natürlich. Und alle breiter angelegten ökonomischen Berechnungen haben eindeutig gezeigt: Je schneller wir richtig loslegen, desto billiger wird es. Wenn wir länger warten, werden auch die finanziellen Folgen immer dramatischer. Allein die Flutkatastrophen vom letzten Sommer zeigen das.

Gespräch 9:
Der Sprung ins Offene

LESCH: Martin, wir haben eben davon gesprochen, dass es sich natürlich bei so einer Transformation nicht um einen vorab festgelegten Plan handeln kann. Da gibt es keine erprobten Prozeduren. So eine Transformation ist nun mal keine Maschine. Ihr Ausgang und Verlauf sind auf ganz unterschiedliche Weise offen. Und offene Situationen sind für viele Menschen eine ziemliche Herausforderung. Wie eine offene Savanne, von der man nicht weiß, wem man da begegnet. Was für eine Bedeutung hat die Offenheit für einen Transformationsprozess?

HERRMANN: Sie ist ein wichtiger Schlüssel. Offenheit und Unbekanntheit anzunehmen, ist enorm wichtig. Denn je komplexer eine Situation ist, desto offener ist sie.

Wir leben in einer Zeit, die versucht, möglichst alles unter Kontrolle zu haben. Für alles gibt es etablierte Rezepte, bekannte Handbücher und oft erfolgreich erprobte Ablaufpläne. Alles wird messbar und damit scheinbar kontrollierbar gemacht. Das wurde durch die weitgehende Ausdifferenzierung von Wissenschaft und Technik auf die Spitze getrieben. Und wir haben es ja auch geschafft, viele natürliche Unwägbarkeiten wie Missernten, Dürren, Wetterkapriolen, ja selbst manche Krankheiten immer besser zu beherrschen.

Wir haben uns im großen Stil absichern können, mit Versicherungen aller Art. Aber die dem Leben innewohnende Unvorhersagbarkeit, die bleibt ja bestehen. Du weißt nie, was als Nächstes kommt, egal, wie gut versichert du bist. Wenn es möglich ist, versuchen wir immer Messbarkeit und Evidenz herzustellen, aber weil wir Angst vor dem Offenen haben, werden Messbarkeit und Evidenz schnell zum Dogma und damit blind für das nicht auflösbare Nebeneinander von Kontrollierbarkeit und Nichtkontrollierbarkeit, von Wissen und Nichtwissen. Gute Wissenschaft schaut scharf darauf, was aufgrund der durch Experimente bestätigten Hypothesen ausgesagt werden kann und was nicht.

LESCH: Wir glauben, wir seien alle rundum geschützt, uns könnte nichts passieren. Aber jetzt passiert eben was. Und damit entsteht eine riesige Herausforderung auch für Kommunikationsprojekte wie zum Beispiel dieses Buch. Denn das Offene ist ja eben per definitionem auch unbekannt. Aus dieser Erfahrung haben sich in der Evolution Mechanismen entwickelt, mit denen wir solchen Gefahrensituationen, seien sie nun echt oder eingebildet, begegnen. Uns sträuben sich die Nackenhaare, wenn wir das Gefühl haben, da kommt etwas Unbekanntes, möglicherweise Gefährliches auf uns zu. Wir werden in Westeuropa, in dieser westlichen Lebensweise, gar nicht für die Offenheit von komplexen Situationen mit unbekanntem Ausgang geschult. In unserer Ausbildung in der Schule, aber auch im Beruf, werden wir eigentlich immer darauf vorbereitet, dass die Gegebenheiten so bleiben, wie sie sind.

HERRMANN: Da hast du völlig recht. Ich hab ja viel in Wirtschaftsunternehmen beraten, da ist die Business-as-usual-Haltung fast die größte Blockade, die es gibt, um mit entscheidenden Veränderungen umzugehen. Je anspruchsvoller die gewollte oder notwendige Veränderung ist, desto mehr Offenheit ist im Spiel, und gleichzeitig ist der Anspruch an Manager:innen, trotzdem alles kontrolliert zu gestalten. So begrüßen sie sich ja oft untereinander: Na, alles unter Kontrolle? Und wir haben das übernommen: Na, alles gut? Ein Teil der Beratungsindustrie lebt davon, eine Sicherheit und Kontrollierbarkeit vorzugaukeln oder zu versprechen, die dann hinterher in der Umsetzung in die Wirklichkeit gar nicht eingehalten werden kann. Das ist die Grundfrage: Können wir das Offene in diesen Prozessen überhaupt zulassen? Wenn wir es nicht tun, ist der Preis enorm. Ich will es noch mal erklären: Bei komplexen Veränderungen gibt es eine Grundunterscheidung zwischen den Themen, die wir mit unseren bestehenden Methoden und aufgrund unserer Erfahrungen bearbeiten können, und jenen Themen, die neue Herangehensweisen erfordern und bei denen uns Erfahrungen eher im Weg stehen. Diese Unterscheidung gilt für die technische, aber auch für die soziale Dimension von komplexen Veränderungen. Wobei es in der sozialen Dimension meist weit komplexer zugeht. Vereinfacht ausgedrückt, gibt es die weit verbreitete Gewohnheit, diese Unterscheidung zu negieren und alles im Vertrauten und Technischen einzuordnen. Damit ist das Offene einschließlich der sozialen Komplexität aus dem Weg geräumt und wir können vermeintlich alles geplant, kontrolliert und meßbar abarbeiten. Spätestens bei der Umsetzung fällt uns das auf die Füße.

In der Realität fließen die beschriebenen Unterschiede ineinander. Es geht also darum, in jeder Situation zu unterscheiden, welcher Aspekt im Vordergrund steht und welche Vorgangsweise daher erforderlich ist. Das heißt, gerade bei komplexen Veränderungen braucht es ein integriertes Vorgehen. Die soziale Ebene ist aber entscheidend. Das sehen wir ja jetzt bei der Covid-19-Impfkampagne. Es reicht nicht, wenn Regierungen in Bund und Ländern, zusammen mit Wissenschaft und Medien, nachvollziehbare Entscheidungen präsentieren. Man muss vor Ort mit den Menschen sprechen, um sie zu erreichen. Deswegen sehen wir auch diese großen Unterschiede. Die größte Gefährdung bei Veränderungsprojekten ist eben die, zu denken, wir könnten das vollständig durchplanen, kontrollieren und dann umsetzen.

LESCH: Weil du dieses Beispiel gerade ansprichst: Ein ganz besonders erfolgreiches Bundesland beim Impfen ist nämlich Bremen. Dort ist man mit Impfbussen in die Stadtteile gefahren und hat das Impfangebot direkt vor Ort gemacht. Vor allem für Menschen, die zum Beispiel nicht so gut Deutsch sprechen oder nicht so genau wussten, wo man sich denn nun impfen lassen kann. In Bremen hat man die Impfung dorthin gebracht, wo sie stattfinden muss. Das heißt: Es könnte durchaus sein, dass das ein schönes Beispiel ist für die These, dass auch komplexe Situationen kurzfristig mit ganz einfachen Aktionen bewältigt werden können. Können wir diese Einfachheit des Kleinen auch auf das Große übertragen? Also: Lässt sich Einfachheit skalieren oder verliert sie irgendwie ihre Wirkung? Es ist ja interessant, dass man immer denkt, Komplexität könnte man nur mit Komplexität bewältigen. Aber oft ist ja genau das Gegenteil der Fall. Die kleinen Schritte!

HERRMANN: Na ja, die Komplexität löst sich nicht auf. Aber sie wird lokalisiert. Und das ist das Entscheidende: Am Ende findet Umsetzung immer in lokalen Kontexten statt. Das sind in diesem Fall die konkreten Gespräche und konkreten Angebote für Leute vor Ort. In konkreten Nachbarschaften entsteht dann der Eindruck: Oh, der hat sich jetzt auch geimpft, oder auch: Der hat sich nicht geimpft! Das heißt, es geht immer darum, auch wenn man große Strategien durchführen will, diese ins Lokale zu übertragen. Und diese Übertragung wird dann auch von den Beteiligten und Akteur:innen vor Ort, also den lokalen Spieler:innen, gemacht. Die werden so zu Hauptakteur:innen der Umsetzung einer Veränderung. Und das ist eine wichtige Frage: Wie schaffen wir es, dass nicht nur über Energie, Verkehr und Landwirtschaft gesprochen wird? Sondern eben auch über Bildung, Gesundheit und Gerechtigkeit. Also über Jurist:innen, Lehrer:innen und Mediziner:innen. Wie können etwa Hausarztpraxen, wenn die Pandemie mal ein bisschen abgeflaut ist, zu Transformationsorten für die notwendige Veränderung des Klimaschutzes werden? Weil die Leute dann eben verstehen würden: Das hängt ja zusammen mit meiner Gesundheit, und da kann ich heute schon was tun. Dadurch, wie ich mich ernähre und bewege. Das wäre eine Lokalisierung, weil die Mediziner:innen und die Fachangestellten in einer Hausarztpraxis, die Teams vor Ort, aber auch die Pflegedienste ganz nah an den Menschen dran sind. Wenn dort die Fachkräfte verstehen, wie sie Botschafter:innen werden können, dann werden sie mehr bewegen als jeder IPCC-Professor, Minister oder jede Politikerin.

LESCH: Das ist ja auch eine wichtige Erkenntnis der Entwicklungspsychologie, nämlich dass wir im Grunde Wesen sind, die ziemlich gut innerhalb von Gruppen einer bestimmten Größe miteinander handeln können. Sobald die Gruppen aber zu groß werden, funktioniert das nicht mehr. Wie du das jetzt so erzählt hast, musste ich ein bisschen an die Kneipe meiner Großeltern denken, da gab es einen großen Eichentisch vorne und da saßen jeden Freitag die Honoratioren des Dorfes zusammen. Das war keine Gemeinderatssitzung, aber man traf sich und redete miteinander. Informationsaustausch ohne formalen Rahmen, aber man erfuhr Wichtiges voneinander. Männer und Frauen, die sich kannten, die sich schätzten, leiteten mit solchen Gesprächen auch Taten ein. Da wurden dann wohl auch Projekte besprochen, die dann später vielleicht im Gemeinderat beantragt wurden. Für den Klimaschutz gilt das eben auch. Das ist natürlich nochmals eine wunderbare Hinführung zu der Frage, wie viele Leute man tatsächlich braucht, um eine Transformation einzuleiten. Wir brauchen gar nicht so viele, aber wir brauchen die Richtigen.

HERRMANN: Wir brauchen eben die etwa 3,5 Prozent, von denen wir vorhin schon sprachen. Wenn man anfängt, mit irgendjemandem zu sprechen, weiß man nie, welche Ideen sich daraus entwickeln werden. Ich habe das so oft erlebt. Manchmal bist du enttäuscht, weil zu einer Veranstaltung nicht 200 Leute kommen, sondern nur fünf. Aber dann redest du mit denen und es entstehen auf einmal Pläne und konkrete Projekte. Die Koalition der Willigen.

Wir beide hatten doch diesen Vortrag in Landsberg, wegen der Pandemie klappte das erst im dritten Anlauf. Wir erwarteten etwa 500 Leute. Der Landrat hatte bereits eine Arbeitsgruppe gebildet. Ausgelöst wurde diese Initiative aber von unserem allerersten Vortrag in einer Münchner Kirche Anfang 2019. Die Klimaschutzbeauftragte aus dem Landkreis saß damals im Publikum, sie hatte sich vorher nie mit Gesundheit in diesem Kontext beschäftigt. Sie hat mich dann hinterher angerufen, wir haben uns mehrmals getroffen. Daraufhin hat sie mit dem Pflegebeauftragten des Landkreises einen Arbeitskreis gegründet, der ärztliche Kreisvorsitzende wurde eingebunden, wir wurden Partner und der Landrat ist auch dabei. Das war also kein normaler Vortrag mehr, das war ein Event, da geht es darum, dass der Landkreis Vorreiter in Bayern werden könnte. Aus dem Impuls dieser einen Person entsteht ein Netz von »Change Agents«. Die Chancen sind groß, dass der Hitzeschutz im nächsten Sommer in Landsberg schon deutlich besser funktioniert. Dein Beispiel eben vom Dorf ist gut, da gibt es bestehende Netze und die sind toll. Aber wir brauchen für das, was wir vor uns haben, auch neue Netze und neue Netzknoten und Verbindungen.

LESCH: Was hier passiert, sind Parallelentwicklungen. Auf der einen Seite geht ja das Leben weiter, wie es nun mal derzeit organisiert ist. Aber auf einmal beginnen viele Menschen neben ihrer normalen Tätigkeit einen neuen Aspekt zu sehen, der sich im Laufe der Zeit immer stärker und stärker in ihr Leben hineindrängt. Und auf einmal gibt's eine Richtungsänderung, die nicht geplant war.

HERRMANN: Wenn man versteht, dass man eine Handlungsoption hat, dass man etwas ändern kann. Du wusstest das schon vorher. Aber du hast gemerkt: Oh, da ist ein ganz neues Feld, in dem ich mich einbringen kann. Das gilt für alle Bereiche: Jeder kann ein Mittreiber, ein Antreiber, eine Initiatorin sein. Wenn wir erst einmal beginnen, gibt es drei Zeithorizonte zu beachten. Wenn es wirklich um etwas geht, fragen wir uns: »Was können wir sehr schnell tun? Was tun wir jetzt?« In einer Institution hole ich dann alle zusammen, wir reden darüber, dass es eine existenzielle Situation ist, und überlegen: Was sind die sofortigen Maßnahmen? Wer weiß da schon was? Wo können wir uns noch kundig machen? Da gibt es eben Dinge, die brauchen Zeit. Aber es gibt immer auch vieles, was man sofort machen kann. Wo jeder mitmachen kann. Zum Beispiel mit Dingen, die einfach falsch sind, sofort aufhören. Wenn wir in der Medizin überbehandeln, dann hören wir eben jetzt damit auf. Denn das ist immer eine Ressourcenverschwendung. So kann man im Zeithorizont von bis zu einem Jahr etwa ein Drittel der Maßnahmen umsetzen, die nötig sind, um etwa klimaneutral zu werden. Das ist anspruchsvoll, aber das geht. Parallel dazu sieht man dann natürlich, dass es anderes gibt, da brauchen wir länger, das ist dann, zweitens, ein Horizont von ein bis fünf Jahren. Da muss man Projekte aufsetzen, Leute zusammenbringen, einen Masterplan erstellen. Das ist dann noch mal ungefähr ein Drittel der Maßnahmen. Und dann gibt's den dritten Horizont, der ist fünf bis vielleicht 20 Jahre entfernt, da geht es um Veränderungen, von denen wir noch gar nicht genau wissen, wie sie umzusetzen sind. Da müssen wir dann vielleicht überlegen: Kann man von anderen Sektoren etwas übernehmen? Gibt es irgendwo auf der Welt schon jemanden, der oder die etwas in die Richtung macht?

Aber wir sollten immer versuchen, das Tempo zu halten, denn es bleibt ein Notfall, es bleibt eine existenzielle Dimension. Wenn ich etwas entdeckt habe, was gut funktioniert, dann behalte ich das deshalb nicht für mich, sondern gebe es an alle im Feld weiter.

LESCH: Das entspricht ja auch der allgemeinen Lebenserfahrung: Wenn etwas passiert ist, dann hat sich was geändert. Das ist der Punkt. Wir arbeiten schrittweise auf veränderte Rahmenbedingungen hin. Nichts ist attraktiver als Erfolg, vor allem wenn man merkt, dass man ein Teil davon gewesen ist. So werden wiederum mehr Menschen und dadurch auch mehr Kreativität und Fantasie in diese Veränderung hineingezogen.

HERRMANN: Das hat was Ansteckendes. Wenn du merkst, dass du mit Leuten zusammenarbeitest, die schnell sind, die eine Vision haben, die wissen: »Es geht um was« – das ist wie eine Musik, die dich mitreißt. Gestern hatte ich zum Beispiel ein Gespräch mit der Landesärztekammer von Schleswig-Holstein, die im Anschluss an den Ärztetag aktiv werden will. Wir haben zwei Felder definiert. Zum einen den Bereich Bildung – sie haben verstanden, ein Vortrag reicht nicht, das Thema muss in alle Bildungsmodule integriert werden. Dann ging es zusätzlich darum, dass Ärzt:innen selbst Multiplikator:innen für Kolleg:innen werden, um sie zu unterstützen, ihre Praxen oder Kliniken so zu verändern, dass Planetary Health dort ein Schwerpunkt wird. Dafür werden jetzt die ersten Einführungen angeboten und dann folgt ein längeres Ausbildungsprogramm.

LESCH: Man merkt, dass es im Zustand der Offenheit auch zahlreiche Chancen und ganz große positive Überraschungen gibt. Das erinnert auch an das, was viele Menschen berichten, die sich auf eine Reise um die Welt machen, etwa auf Fahrrädern oder zu Fuß, und dabei die tollsten Erlebnisse haben. Es ist anstrengend, es gibt auch Krisen, manchmal schwerere, aber dann ergeben sich immer wieder diese Momente, die einen antreiben. Das finde ich ein schönes Bild: Ich bin jetzt mal weg für drei Monate und lass mich ausbilden, um bei der Transformation des Gesundheitswesens mithelfen zu können.

HERRMANN: Man begibt sich da auf eine Reise miteinander. Bei meinem vierjährigen Enkel sehe ich genau das: Wenn der spielt … weißt du nie, was im nächsten Moment passieren wird.

Gespräch 10:
Von positiver Ansteckung

LESCH: Nun lass uns einmal etwas theoretischer werden. Es gibt ja die Wissenschaft von der Transformation. Da wurde 2011 zum Beispiel ein Gutachten vom Wissenschaftlichen Beirat Globale Umweltveränderungen (WBGU) der deutschen Bundesregierung veröffentlicht zur Frage: Wie gelingen Transformationen? Es hat mich sehr beeindruckt, wie dort die Dynamik von Transformationen mittels eines Mehrebenenmodells dargestellt wird.

HERRMANN: Dieses Konzept und die dazugehörige Grafik sind vielleicht sogar die Schlüsselstellen im Gutachten, weil sie erlauben, sich im Großen, aber auch in kleineren Kontexten zu orientieren. Das Modell zeigt drei Ebenen. Die unterste ist die Ebene der Nischen. Große Veränderungen entstehen zuerst in Nischen. Das sind die Keimzellen, in denen sich Neues entwickelt, durch Alternativen, Pionier:innen, Innovator:innen. Die zweite Ebene ist dann der Mainstream. Im Gutachten heißt das »dominierendes sozio-technisches Regime«, es verkörpert für einen bestimmten Zeitraum weitgehend festgelegte Strukturen und Deutungsmuster. Schon daraus ergibt sich die Frage, wie »Innovationskeime« aus dem Rand in den Mainstream, ins etablierte Regime eindringen können, um dort Hotspots für die anstehende

Transformation zu werden. Wann öffnen sich Zeitfenster? Wer sind die strategischen Akteur:innen im Mainstream, die ansprechbar sind für Veränderung?

LESCH: Würdest du sagen, der Übergang von der sozialen Marktwirtschaft der alten Bundesrepublik in eine mehr oder weniger deregulierte globalisierte Marktwirtschaft war ein Regimewechsel?

HERRMANN: Das war in manchen Aspekten ein Regimewechsel, aber gleichzeitig auch eine Veränderung innerhalb eines bestimmten Regimes. Denn die Ökonomie, die ökonomischen Grundannahmen hinter der Globalisierung, die waren schon vorher da, ein möglichst großes Wirtschaftswachstum war als Grundlage für Fortschritt eines der Dogmen. Aber dann kamen die Megatrends Globalisierung und Digitalisierung hinzu. Sie haben alle Veränderungen enorm beschleunigt. Dadurch sind wiederum neue Konzepte entstanden, wie Finanzen überhaupt zu verstehen sind, welche Rolle sie in Unternehmen spielen. Die Aktienmärkte haben sich verändert. Das waren Trends, die bestimmend wurden – ich habe das auch in meiner Beratungstätigkeit in Firmen erlebt. In den 1990ern und 2000ern war es immer häufiger so, dass die Finanzabteilung die bestimmende Abteilung wurde. Davor waren das eher noch die Entwicklung, die Produktion oder die Marketingabteilung. Damit einher gingen dann auch enorme Zunahmen der Studierendenzahlen in der Betriebswirtschaft, während die Zahlen in den Ingenieurswissenschaften zurückgingen.

LESCH: Also, das heißt: Es gibt diese Megatrends, dann gibt es das technisch-sozioökonomische Regime, und es gibt die Pionier:innen in den Nischen…

HERRMANN: Die Megatrends sind die dritte Ebene: Das kann etwas wie Digitalisierung oder Internet sein, aber auch eine Weltwirtschaftskrise oder die Pandemie. Das sind Ereignisse, Geschehnisse, die keiner geplant oder vorausgesehen hat, die dann aber bestimmend werden. Wichtig ist es, zu untersuchen, wie wir diese großen Trends wahrnehmen. Wo öffnen sich Gelegenheitsfenster durch den Veränderungsdruck der Megatrends? Die Zunahme von Extremwetterereignissen ist so ein Megatrend. Durch den »Druck« der Ereignisse entstehen Risse in den »Betonmauern« des Status quo und Menschen in der Mitte des Mainstreams werden ansprechbar. Da können dann auf einmal Handlungsmöglichkeiten auftauchen oder sogar soziale Kippdynamiken angestoßen werden.

An diesem Punkt stehen wir jetzt: Wir haben in vielen Institutionen Nischenplayer:innen, die unser Thema sehr ernst nehmen und sich zu Vorreiter:innen entwickeln. Jetzt geht es um die Frage: Wie kommen wir mehr in die Tiefe, wie verstehen wir besser, auf was es wirklich ankommt, um positive Veränderungen zu erreichen? Das Modell zeigt noch einmal auf andere Weise die Wirkprinzipien der 3,5-Prozent-Regel und der sozialen Kippdynamiken. Wie vernetzen wir uns? Wie schaffen wir neue Gebilde der Zusammenarbeit, in denen wir einander kennen und vertrauen, wo wir uns Bälle zuspielen können, die bisher so noch nicht existiert haben?

Die Bewegung verläuft von unten nach oben, von innen nach außen und auch zwischen diesen festgelegten Strukturen. Die Zwischenräume sind wichtig. Gerade bei ganz großen Veränderungen sind das potenziell Machtvollste die »Change Agents«, die Nischenplayer:innen, das beste Lehrbeispiel dafür sind derzeit die *Fridays for Future*. Wer hätte vor fünf Jahren gedacht, dass Kinder die Führung übernehmen und auf eine Weise Klartext sprechen würden, in der UN

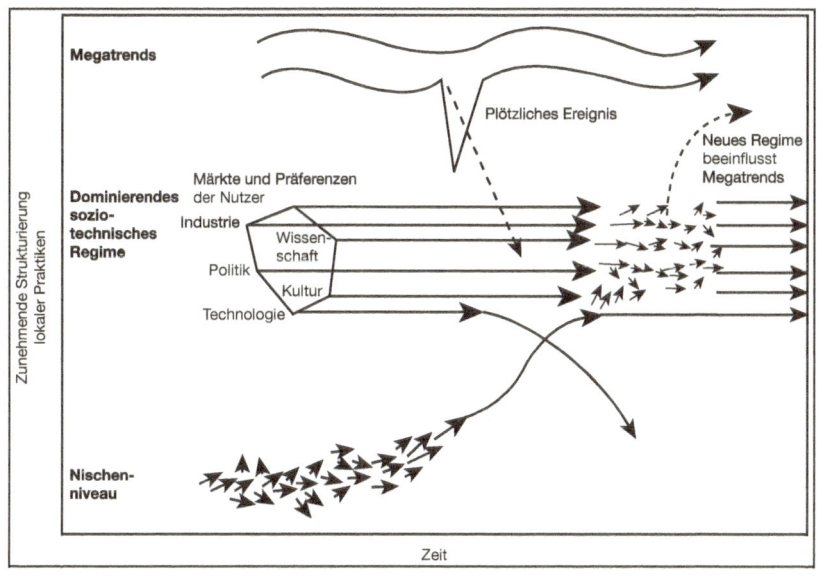

5: Mehrebenenmodell zur Analyse von Transformationsprozessen
(WBGU-Hauptgutachten »Welt im Wandel« 2011, Abb. 3.4.1)

und vielen anderen Foren, wie es kein anderer gewagt hat?
Das ist ein Beispiel, das sehr viele Veränderungen anstößt
und auch Leute ermutigt, selber zu sagen: Ja, wir können in
unserem Feld was Ähnliches erzeugen, wir machen da jetzt
mit. Auch wenn man sich die Geschichte der Arbeiter- oder
der Frauenbewegung ansieht, wird das ganz deutlich.

LESCH: Dieses Mehrebenenmodell kann nicht nur auf Gesellschaften, sondern auch auf Städte, Sektoren und Unternehmen angewendet werden. Am Rand entstehen neue Perspektiven oder Erfindungen. Die einen reagieren mit Ableh-

107

nung, die anderen sagen: Oh, das ist aber interessant. Das heißt: Da trifft man auf eine große Varianz von Aufmerksamkeit, die dann dazu führen kann, dass etwas beginnt, sich zu verändern. Das heißt: Selbst innerhalb von sehr konservativen Regimes können sich auf einmal fast revolutionäre Zellen bilden.

HERRMANN: Unsere Geschichte ist so überzeugend, dass sie viele erreicht, unabhängig von Alter, sozialem Hintergrund oder politischer Präferenz. Wenn man dieses Mehrebenenmodell versteht, dann kann man anfangen, strategisch, katalytisch zu planen und zu handeln. Und das ist ja das, was wir brauchen. Es reicht nicht, wenn viele »etwas« tun, sondern wir brauchen viele, die lernen zu sehen: Wo ist der kritische Weg? Was ist der nächste Schritt, der am meisten Erfolg verspricht? Welche Vernetzung braucht es jetzt? Es müssen nicht alle Ärztekammern zu Vorreitern werden. Wenn zwei, drei von ihnen Themen vertiefen, dann können wir darauf setzen, dass sie die anderen anstecken und untereinander zu Multiplikatoren werden. Und das kann man für jedes Handlungsfeld, jede Institution sehen: Was ist am Rand? Was ist in der Mitte? Was ist der Mainstream? Wer kann eine Öffnung schaffen? Welche Trends wirken von außen hinein?

LESCH: Mit diesem Modell kann man praktisch in jedem Bereich arbeiten – im privaten, im beruflichen, im öffentlichen oder im politischen, in allen kann man nach Mitspieler:innen suchen.

HERRMANN: Was in diesem Bild noch zu kurz kommt, ist eine weitere Dimension. In ihr geht es darum, dass wir über verschiedene Bereiche hinweg wirken und sprechen können, also das Transdisziplinäre, das Transsektorale. Aber auch das

Generations- und Milieuübergreifende. Mit Leuten zu sprechen, mit denen wir normalerweise nie was zu tun hätten. Wir können ganz unterschiedliche Bereiche zusammenbringen, unwahrscheinliche Allianzen bilden, um scheinbar unmögliche Projekte zu realisieren.

LESCH: Hast du ein Beispiel?

HERRMANN: Wir haben ja schon über den Deutschen Ärztetag im November 2019 und die Zusammenarbeit mit dem *Lancet*-Countdown gesprochen. Im Nachgang dazu entstehen gerade Netzwerke und Allianzen, die waren noch vor einem halben Jahr nicht vorstellbar. Das Wichtigste dabei: Erst ging es stark um Aufklärung und Agenda-Setting im Gesundheitssektor. Das bleibt natürlich weiter wichtig, aber dazu kommt nun ein neuer Fokus auf die Entwicklung konkreter Transformationspfade. Das betrifft die wichtigsten Handlungsfelder gemeinsam mit Schlüsselakteur:innen im Feld. Ich will das mal an drei Beispielen zeigen. Im ersten *Lancet*-Countdown Policy Brief für Deutschland von 2019 wurden noch ziemlich allgemeine Empfehlungen formuliert. Etwa zur Hitze: Da wurde die zunehmende Bedrohung erwähnt und die Umsetzung von Hitzeaktionsplänen angesprochen. Heute wissen wir, dass die Sensibilität für das Thema zwar wächst, aber dass die bisher entwickelten wenigen Hitzeaktionspläne gerade den gesundheitsbezogenen Hitzeschutz vernachlässigen. Gesundheitsakteur:innen sind daran nicht beteiligt. Zudem werden Szenarien mit Hitzedomen, wie wir sie in Kanada gesehen haben, gar nicht berücksichtigt.

LESCH: Also die Hausaufgaben nicht gemacht? Arbeit umsonst?

HERRMANN: Tatsache ist, dass die Bundesrepublik Deutschland für den Katastrophenfall durch mögliche große Hitzewellen immer noch nicht gerüstet ist. Aber Aufgeben gilt nicht. Zu erwarten, dass der öffentliche Gesundheitsdienst, ermattet durch die Pandemie, von sich aus die Führung übernimmt, um dieses Risiko zu adressieren, wäre naiv. In den letzten Wochen haben wir also gut dreißig Gespräche in den entstehenden Netzwerken initiiert. Führende Wissenschaftler:innen, Verantwortliche in Landes- und Bundesbehörden und Kommunen, Präsident:innen von Landesärztekammern, Verantwortliche in Wohlfahrtsverbänden, *Health-for-Future*-Aktive, Hausärztinnen, Verantwortliche in Stiftungen, Krankenkassen, Pflegeverbänden, Krankenhäusern und so weiter. Das Ergebnis: Wir beginnen sofort damit, selbstorganisierte und miteinander koordinierte Hitzeschutznetzwerke auf allen Ebenen zu entwickeln. Ohne auf die doch manchmal sehr langsamen Mühlen der Verwaltungen zu warten. Der Fokus: gesundheitsbezogener Hitzeschutz.

Das deutsche Komitee Katastrophenvorsorge zeigt in seinen Statistiken zu den Folgen von Naturkatastrophen in Deutschland in den letzten 30 Jahren, dass 96 Prozent der Todesfälle durch Hitzewellen verursacht sind. Die entstehenden Hitzeschutzbündnisse werden klar formulieren, welche Gesetze und Vorschriften geändert werden müssen, und welche Mittel es brauchen wird. Der entscheidende Unterschied. Sie werden mit dem Handeln nicht warten, bis alles bereit ist, sondern direkt loslegen.

LESCH: Was war die zweite Empfehlung, von der du gesprochen hast?

HERRMANN: Die zweite Empfehlung von 2019 war, dass Pläne entwickelt und umgesetzt werden sollten, um den erheblichen Fußabdruck des deutschen Gesundheitssektors zu reduzieren. Auch hier passiert enorm viel. Es gibt den Beschluss des Ärztetages 2021, der Klimaneutralität des Gesundheitssektors bis 2030 fordert. Die Caritas will bis 2035 klimaneutral werden. Der AWO Zentralverband plant das bis 2040. Es gibt in immer mehr großen Klinikverbänden und Unikliniken Arbeitsgruppen, teilweise auch schon Nachhaltigkeitsmanager:innen, die direkt an den Vorstand berichten. Am Institut für Medizinrecht der Bucerius Law School entsteht gerade ein Thinktank mit der Aufgabe. die notwendigen Veränderungen im Sozialgesetzbuch zu identifizieren, um Nachhaltigkeit der Gesundheitsstrukturen sicherzustellen und nicht wie bisher zu verhindern. Dieser Thinktank ist direkt vernetzt mit dem parallel entstehenden weltweit ersten Center for Planetary Health Policy, einer Denkfabrik von KLUG. In den über 70 *Health-for-Future*-Ortsgruppen ist das Thema klimaneutraler Gesundheitssektor ein Hauptthema. Sie planen für dieses Jahr gemeinsame Kampagnen für die Klimaneutralität des Gesundheitssektors. All diese entstehenden Netzknoten sind verknüpft mit den globalen Expert:innennetzwerken und den Verantwortlichen beim National Health Service im Vereinigten Königreich. Die sind weltweit schon am weitesten. Die Lähmung löst sich ... Angekündigt haben wir genug, jetzt muss es auf der Handlungsebene weitergehen. Therapiepläne müssen umgesetzt werden, sonst verstirbt die Patientin.

LESCH: Dann habt ihr doch auch noch über Bildung nachgedacht. Auch das transdiziplinär – ohne Aufklärung kein Handeln!

HERRMANN: Richtig. Bei der dritten Empfehlung von 2019 ging es um die Verankerung von Klimawandel und Planetary Health in allen Curricula der Gesundheitsberufe. Dazu nur eines von vielen Beispielen: Die Ärztekammer Berlin veranstaltet einmal im Jahr einen zweitägigen Fortbildungskongress für Ärzt:innen, jeweils mit einem Schwerpunktthema. Zum Beispiel wurde der Kongress zu einer Art Transformationslabor umfunktioniert – »Forum 2030 – wir (be)handeln klimagerecht!«. Die Zielsetzung: Wesentliche Teile der Transformationsagenda für die Berliner Ärzt:innenschaft gemeinsam mit etwa 80 Ärzt:innen entwerfen und diese Entscheider:innen aus Gesundheitssektor und Politik vorstellen. Die drei Schwerpunktthemen: Hitzeschutz, klimagerechte Praxen, klimagerechte Kliniken. Auch hier werden Verantwortliche und Expert:innen aus den verschiedenen Bereichen zusammenkommen müssen, um loszulegen. Aus beabsichtigter Verantwortung wird gelebte Verantwortung und setzt damit ein Signal. Das heißt, auch Bildungsveranstaltungen können direkt zu Katalysatoren für transformatives Handeln werden. In einem bis vor Kurzem noch starren und feststeckenden Gebilde entsteht mehr und mehr Dynamik in und zwischen den Teilfeldern, mehr Tiefe, mehr Breite, mehr Vertrauen. Es ist kein naiver Traum mehr, dass die Notwende gelingen kann.

LESCH: Das ist auch der große Unterschied zwischen der Epidemieentwicklung in früheren Zeiten und der heutigen pandemischen Entwicklung: Die Mobilität, diese Fernreichweiten, diese Fernwechselwirkungen, die es vorher so gar nicht gegeben hat. Die Mobilität von Viren hat was mit der Mobilität der Wirte zu tun. Bei der Mobilität von Ideen ist es wahrscheinlich genauso. Wobei wir heute mit dem Internet zwar ein Medium haben, mit dem wir sehr schnell sehr große Reichweiten erzielen können, aber dadurch, dass es so viele Akteur:innen im Internet gibt, verschwinden natürlich viele Ideen auch wieder im Sumpf von all dem, was da entsteht.

HERRMANN: Das eine ist unsere Mobilität und das andere die Virulenz, zu der wir fähig sind. Dafür stehen in unseren Netzwerken die sozialen Innovationen und die Narrative. Wie erzähle ich meine Geschichte für eine bestimmte Öffentlichkeit? Welche erzähle ich? Bestimmte Geschichten, Bilder und Handlungen haben eine höhere Virulenz. Das Narrativ von Klimawandel und Gesundheit – das ist eine »Mutante«, die viel schneller übertragbar ist als viele andere. Davon bin ich überzeugt und das sehe ich auch in den letzten Jahren. Ich glaube, dass in den nächsten 10, 15 Jahren ganz große Dinge gelingen können.

Gespräch 11:
Von Menschen und ihrer Macht

LESCH: Wir haben eine ganze Reihe von Punkten besprochen, die zum Gelingen einer Transformation führen können. Jetzt gibt es aber ganz offensichtlich – und das haben wir ja gerade beim Thema Klimawandel schmerzlich wahrnehmen müssen – auch heftige Widerstände. Da wird manipuliert, falsch informiert, verleumdet und beleidigt. Das erleben wir ähnlich auch beim Thema Impfen. Beim Thema Klimawandel haben es die Leugner:innen und Skeptiker:innen sehr erfolgreich geschafft, fast 40 Jahre lang wissenschaftliche Kenntnisse zumindest so weit in Zweifel zu ziehen, dass politische Entscheidungsträger:innen dann oft doch nicht für den Klimaschutz entschieden und gehandelt haben. Deshalb müssen wir mal über die Möglichkeiten des Entscheidens und Handelns im politischen Raum sprechen. Martin, wie ist denn das Verhältnis von Macht und Transformation?

HERRMANN: Macht ist zentral für Transformation und Veränderung, es ist vielleicht die zentralste Dimension überhaupt und die, über die am wenigsten gesprochen wird. Auch in den Transformationsprojekten, die ich in Firmen angestoßen habe, war das so. Das war wirklich ein Durchbruch, als ich mich vor etwa 15 Jahren mehr mit Macht beschäftigt und angefangen habe, Macht in Veränderungsprojekten offen anzusprechen. Die Erfolgsrate hat sich dramatisch verbessert.

Wenn man sich die Machttheorien in Soziologie, Philosophie und Geschichtswissenschaft ansieht, dann erkennt man, dass die überwiegende Mehrzahl aller Machttheorien darauf basiert, Macht als Herrschaft zu verstehen. Da geht es um die Dynamik von Herrschen und Beherrschtwerden. Und daher ist Macht auch immer verknüpft mit der Frage von Gewalt. Wer die Mittel hat, Gewalt anwenden zu können, ist der Mächtige. Heute sind die Mittel der Gewalt oft subtiler, aber dennoch klar identifizierbar, wenn man danach sucht. Deshalb assoziieren die meisten Menschen mit Macht Negatives, etwas, das grundsätzlich missbraucht wird. Aus dieser Perspektive kann man nicht zu einem positiven Verständnis von Macht kommen und fühlt sich deshalb gelähmt. Entweder du versuchst, selbst zu herrschen, oder du bist draußen und damit aber eben auch ohnmächtig.

Die aus meiner Sicht wichtigste Denkerin, die Macht ganz anders beschrieben hat, ist Hannah Arendt. Sie hat Macht als etwas dargestellt, das entsteht, wenn Menschen als Gleiche in ihrer Unterschiedlichkeit an existenziellen Themen miteinander arbeiten. Und wenn sie eine Pluralität von Perspektiven erlauben und sich dann damit auseinandersetzen: Wie könnte der Weg nach vorne aussehen? Und wenn ihnen das gelingt und sie diesen Geist des gemeinsamen Handelns und des Streitens und Nach-vorne-Gehens behalten, dann entsteht Macht zwischen ihnen. Und diese Macht kann viel mehr bewegen als jede Gewalt. Das sieht man auch in der Geschichte. Als die Mauer gefallen ist, da gab es ja keinen strategischen Plan einer riesigen Gruppe dahinter, sondern das hing mit unterschiedlichen Gruppen zusammen, die gemeinsam gehandelt haben und auf die Straße gegangen sind. Dann kam ein historischer Moment dazu, in dem etwas möglich wurde – der Schabowski-Moment. Als der SED-Bezirksleiter aus welchen Gründen auch immer die Reisefreiheit verkündete.

Wenn wir vom Machtverständnis der Hannah Arendt ausgehen, davon, dass Macht etwas ist, was den Menschen eigen ist und was zwischen ihnen entsteht, also Teil ihrer sozialen Natur ist, wenn wir das verinnerlichen, dann haben wir eine Plattform. Von der aus können wir uns ansehen, welche Machtstrukturen und -dynamiken in einem bestimmten Feld stattfinden, welche davon problematisch sind, welche destruktiv, welche wir verändern müssen, damit Neues entstehen kann. Ohne diese klarere Sicht auf Macht und ohne ein entspanntes Verhältnis zu unserer eigenen Wirkmächtigkeit werden Transformationen nicht gelingen. Das ist ein Schlüssel.

LESCH: Du hast jetzt gerade von der Macht des Augenblicks gesprochen, zum Beispiel bei der friedlichen Revolution in der DDR 1989, da gab es bestimmte Augenblicke, die übten eine ganz besonders starke Macht aus. Zum Beispiel die Demonstrationen. Was sich daraus ergab, war letzten Endes die Macht, die zum Zusammenbruch der DDR geführt hat.

HERRMANN: Das Interessante ist ja eben, dass damals schon ein Machtverlust und Autoritätsverlust der bestehenden Strukturen vorlag. Das hatte sich über längere Zeit entwickelt. Und dann kamen die Momente, in denen sich etwas drehen ließ. Daher stellt sich für uns die Frage: Wie kann man so was beschleunigen? Und es ist natürlich wichtig, genau hinzuschauen: Welche Machtbastionen gibt es, welche Lobbygruppen gibt es, welche Machtinteressen gibt es, wie können wir die verstehen? Und wie können wir strategisch mit ihnen umgehen? Wie können wir intervenieren und zerstörerische Machtstrukturen neutralisieren, indem wir neue Netzwerke und Allianzen entwickeln?

LESCH: Das Wissen um die Dynamiken und Wirkungen von Machtstrukturen ist ja etwas, was Lobbyisten auszeichnet. Die wissen sehr genau, wen man wann und wo ansprechen muss, um einen hinreichend starken Einfluss zu gewinnen. Zum Beispiel erinnere ich an die Sache mit dem Exxon-Konzern, der 1981 schon wusste, was es bedeuten würde, wenn wir mehr und mehr CO_2 in die Atmosphäre hineinpumpen, welche Erwärmung wir bis Ende 2100 zu erwarten haben. Die hatten praktisch dieselben Zahlen, die heutige Klimamodelle auch liefern. Aber dann hat Exxon begonnen, Institutionen zu gründen, die genau das Gegenteil von dem erzählt haben, was ihnen die Wissenschaftler:innen in ihren Gutachten gezeigt haben.

HERRMANN: Um den Status quo aufrechtzuerhalten, um das, was zu befürchten war, aufzuhalten, nämlich dass ihre Bedeutung als Mineralölkonzerne auf null zurückgeht.

LESCH: Gemessen am Mehrebenenmodell, über das wir vorhin sprachen, ist das eine Stabilisierung des sozioökonomischen Regimes, das versucht, sich abzuschotten, gerade weil es bereits Informationen darüber gibt, dass die Destabilisierung droht. Das ist ja auch Macht.

HERRMANN: Das ist eine bestimmte Form von Macht. Aber meine Erfahrung ist, dass man mit Hannah Arendts Perspektive auf Macht einen Platz hat, von dem aus man intervenieren und Koalitionen bilden kann. Und die Arbeitsqualität ist natürlich radikal anders, wenn Menschen nicht instrumentalisiert werden. Arendts Machtperspektive orientiert sich an der Umsetzung der Werte, die für unsere Gesellschaft bestimmend sind, nämlich von Demokratie, von Offenheit, von Gesundheit, von Menschenrechten. Wenn das klar ist, geht es weiter: Was muss jetzt passieren, dass wir die zur Transformation notwendigen Schritte, die anstehen, um die Bewohnbarkeit der Erde zu erhalten, umsetzen können?

LESCH: Unsere Erfahrung ist doch eher, dass Machtstrukturen sich verfestigen, dass sie sich schließen, dass sie intransparenter werden. Wir wissen oft immer weniger darüber, welche Ziele eigentlich von bestimmten Machtgruppen verfolgt werden. Wo wollen die eigentlich hin? Und das, wovon du jetzt sprichst, wäre ja eine kopernikanische Wende im Verständnis von Macht.

HERRMANN: Das ist eine kopernikanische Wende, unbedingt! Das Erstaunliche dabei ist, dass wir das schon aus unserem Alltag kennen. Wir waren alle schon mal in Teams, wo wir außergewöhnlich gut zusammengearbeitet und Ergebnisse erzielt haben, die vorher nicht vorstellbar waren. Wenn wir hingegen nicht »in tune« miteinander sind in einer Institution, wenn wir nicht mehr wissen: Was ist eigentlich der Sinn dessen, was wir tun? Wenn in unseren Teams die Musik verschwindet, wenn wir nicht mehr in einen Rhythmus miteinander kommen, wenn wir nicht mehr gemeinsam improvisieren können, wenn wir nicht mehr zuhören können, dann wird das für uns mit der Zeit immer unangenehmer.

LESCH: Das, wovon du da sprichst, ist ja, wenn ich das richtig verstehe, durchaus auch eine Frage des gegenseitigen Vertrauens, des Selbstvertrauens, des Vertrauens in die Institution, in der man sich befindet, dass man zum Beispiel, wenn man den Mund aufmacht und kritisiert, nicht gleich gefeuert wird. Dass Kritik angenommen werden kann und auch vertragen wird. Also dass Fehler benannt werden dürfen. Wenn ich jetzt mal an die Schule denke: Wie könnte man junge Menschen dazu erziehen, in solchen positiven Machtstrukturen zu arbeiten? Da musst du ja ein ganz anderes Verständnis von Zusammenarbeit haben als das, was heutzutage in vielen Ausbildungseinrichtungen immer noch vorherrscht.

HERRMANN: Da braucht es Sprünge. Wenn wir die große Transformation anstreben, aber strukturell alles so lassen, wie es ist, dann wird das nichts. Wenn wir alles nur nach bestehenden Regeln machen, dann klappt das nicht. Ich gebe dir ein Beispiel: Forschungsinstitutionen müssten eigentlich zu bestimmten Projekten sagen: Das machen wir nicht, weil es keinen Mehrwert hat. Häufig aber machen sie es doch, weil ihre Mitarbeiter dann beschäftigt sind. Wie kann ich in meiner Institution den normalen Dienstweg verlassen und existenziell wichtige Dinge priorisieren, sodass ich viel schneller und mutiger in die Umsetzung gehen kann – das sind die entscheidenden Fragen. Und wie kann ich jenseits von Hierarchien zusammenarbeiten? Das geht nur, wenn wir uns gegenseitig anerkennen, wenn wir den Leuten, die nicht »oben« sind, genauso zuhören. Denn Kreativität und Innovation orientiert sich nicht an Hierarchien.

LESCH: Aber das bedeutet auch, dass es einer der ganz wichtigen Punkte für die Transformation ist, die positiven Seiten von Führung anzuerkennen.

HERRMANN: Von Führung, von Macht und davon, auch selber dieses Machtspiel spielen zu wollen, weil es zu unserer Natur gehört. Und noch mal: Luisa Neubauer drückt das sehr klar aus, wenn sie sagt: Jeder kann ein Klimaaktivist sein, jede kann eine Spielerin sein. Und dazu gehört es eben auch, die Macht zu ergreifen, die da ist, die Gelegenheiten zu ergreifen, mitzuspielen. Nicht um über den anderen zu sein, sondern um mit den anderen diesen Weg zu gehen.

Jetzt kommt aber noch ein wichtiger Punkt dazu. Zu Macht gehört immer auch Ohnmacht, zum Mächtigsein gehört es auch, ohnmächtig zu sein. Das ist ähnlich tabuisiert wie Macht. Das Gefühl der Ohnmacht ist ein Teil der großen Lähmung, die wir schon beschrieben haben. Viele Menschen sehen die Gefahren, haben aber nicht das Gefühl, wirkmächtig zu sein, und erleben daher angesichts der Notwendigkeit der großen Transformation eine einzige Lähmung. Wenn ich existenziell verstanden und erlebt habe, dass es auf uns ankommt, dass es um die Macht geht, die zwischen den Menschen entsteht, Macht *zwischen* Menschen, nicht *über* Menschen – dann öffnen sich riesige, bisher verdeckte Ohnmachtsfelder. Wir erkennen Bereiche, in denen wir handeln sollten, und gleichzeitig haben wir keine Ahnung, wie wir das angehen sollen. Diese Wende bringt die Anerkennung, dass das zum Mächtigsein direkt dazugehört. Es geht nicht um totale Macht, es geht immer um begrenzte Macht, um Macht und Ohnmacht. Der Unterschied ist: Ich kann im Angesicht der Ohnmacht wach bleiben, wir können uns darüber austauschen, wir können neue Sinnesorgane entwickeln, wie beim Lernen eines neuen Musikinstruments. Und dann zeigen sich überraschende Öffnungen und Allianzen, wie zum Beispiel mit der Bundesärztekammer und dem *Lancet*. Entscheidend ist ja auch das Nebeneinander von sozialer Ohnmacht und der Ohnmacht, die mit den Naturgesetzen zusammenhängt. Bei beiden geht es zuerst um ein klareres Verständnis der Wirkzusammenhänge, daraus ergeben sich dann Handlungsoptionen für die große Transformation.

Und diese können sich nichtlinear vergrößern, wie wir es bei den sozialen Kipppunktdynamiken gesehen haben. Es gilt aber auch: Macht im Arendt'schen Sinne kann man nicht besitzen. Sie entsteht im Zwischenraum, wie gute Musik. Wenn wir aufhören, den Raum dafür zu beleben, und sie in Besitz nehmen wollen, zerstören wir sie.

Fazit

Es ist Ende Februar 2022. Die Autoren dieses Buches sind entsetzt und fassungslos. Wir haben es nicht für möglich gehalten, dass das, was jetzt passiert, überhaupt passieren kann. Wir haben Krieg in Europa. Zum ersten Mal seit dem 1. September 1939 wird bei uns ein Angriffskrieg geführt. Friedliche Menschen werden einfach überfallen und brutal ermordet. Mütter und Kinder flüchten vor Raketen, Bomben und Panzern.

Wladimir Putin hat nach monatelangem Aufmarsch tatsächlich die russische Armee in die Ukraine einmarschieren lassen. Raketen schlagen in ukrainische Städte ein, sogar das marode Kernkraftwerk Tschernobyl, dessen Explosion Europa 1986 in Atem hielt, haben russische Bomben und Raketen getroffen. Die Menschen in der Ukraine wurden ohne jeden vernünftigen Grund von einer der größten Armeen auf unserem Globus überfallen, und um es auf die Spitze zu treiben, hat Putin sogar die nuklearen Streitkräfte Russlands in Alarmbereitschaft versetzt. Er droht mit dem Einsatz von Atomwaffen, all jenen Nationen gegenüber, die die Ukraine unterstützen. Wiederum ohne irgendeinen auch nur einigermaßen plausiblen Anlass. Die Diplomatie ist gescheitert. Mit Lügen und absurden Verschwörungstheorien hat die russische Regierung der politischen Vernunft den Garaus gemacht. Wir leben in einer völlig neuen Welt.

Wie soll man da ein Fazit ziehen, zumal der Weltklimarat IPCC am 28. 2. 22 davor warnt, dass sich das Zeitfenster für wirksame Klimaschutzmaßnahmen schnell schließen wird. Der Klimawandel verursache große Schäden in der Natur und beeinträchtige das Leben von Milliarden Menschen.

Der Rat stellt eindrücklich fest, dass die Welt sich in den nächsten zwei Jahrzehnten mit unvermeidlichen, vielfältigen Klimagefahren konfrontiert sehen wird, wenn die globale Erwärmung 1,5 Grad überschreitet. Selbst eine vorübergehende Überschreitung dieses Erwärmungsniveaus werde zu zusätzlichen schwerwiegenden Auswirkungen führen, von denen einige unumkehrbar sein würden. Daraus entstünden unabwägbare Risiken für die Gesellschaft, auch für die Infrastruktur und für niedrig gelegene Küstensiedlungen.

Zunehmende Hitzewellen, Dürren und Überschwemmungen würden bereits jetzt die Toleranzschwelle von Pflanzen und Tieren überschreiten und zu einem Massensterben von Arten wie Bäumen und Korallen führen. Wetterextreme träten immer häufiger gleichzeitig auf und verursachten kaskadenartige Auswirkungen, die immer schwerer zu bewältigen seien. Millionen von Menschen vor allem in Afrika, Asien, Mittel- und Südamerika sowie auf kleinen Inseln würden dann einer akuten Nahrungsmittel- und Wasserversorgungsunsicherheit ausgesetzt.

So sieht es also aus. Die Vernunft, ein handlungsfähiger Verstand, wäre global dringend vonnöten, um die großen Herausforderungen des Klimaschutzes auch nur ansatzweise lösen zu können. Stattdessen verbreiten die russische Regierung und viele andere haltlose Lügen und Verschwörungserzählungen. Was sollen wir also tun, wenn das Internet geflutet wird mit verrückten Wahnideen, die die militärische Gewalt der Russen begründen sollen oder die Klimakrise leugnen?

Es kann nur eine Antwort, nur ein Fazit geben: Wir müssen alle zusammenstehen gegen diese Zerstörung der Grundlagen unserer Zivilisation. Wir müssen gemeinsam dem Irrsinn die Stirn bieten. Die große Transformation, von der hier die Rede war, wird jetzt noch dringlicher, denn wir müssen so schnell wie möglich aus dem Würgegriff der russischen Erpressung herauskommen. Russland verdient viele Milliarden Euro mit dem Export von fossilen Ressourcen. Das muss so schnell wie möglich gestoppt werden. Die erneuerbaren Energien werden jetzt auch die Energiequellen unserer Freiheit sein. Nun können wir zeigen, dass wir wirklich verstanden haben, worum es geht! Das wird nicht einfach, das wird teuer, aber es wird sich lohnen.

Unruhe bewahren
Hartmut Rosa
Unverfügbarkeit
136 Seiten, EUR 20vv,00
ISBN: 978 3 7017 3446 7

Hartmut Rosa ist ein Meister in der Analyse moderner Entfremdungsdynamiken. Der Jenaer Soziologe bringt kollektive Gefühle und Sehnsüchte so präzise wie eigenwillig auf den Begriff.
Svenja Flaßpöhler, PHILOSOPHIE MAGAZIN

Dieses Buch ist unbedingt lesenswert. Es ist gut geschrieben und steckt voller treffender Zeitdiagnosen.
Günter Kaindlstorfer, DEUTSCHLANDFUNK

Mit überzeugenden Beispielen belegt Hartmut Rosa in seinem gut lesbaren Essay, dass wir es bei der „Unverfügbarkeit" mit einem zentralen Problem der Moderne zu tun haben. Er macht darüber hinaus deutlich, dass die Lösung des Problems nicht in der permanenten Verfügbarkeit besteht.
Michael Opitz, DEUTSCHLANDFUNKKULTUR